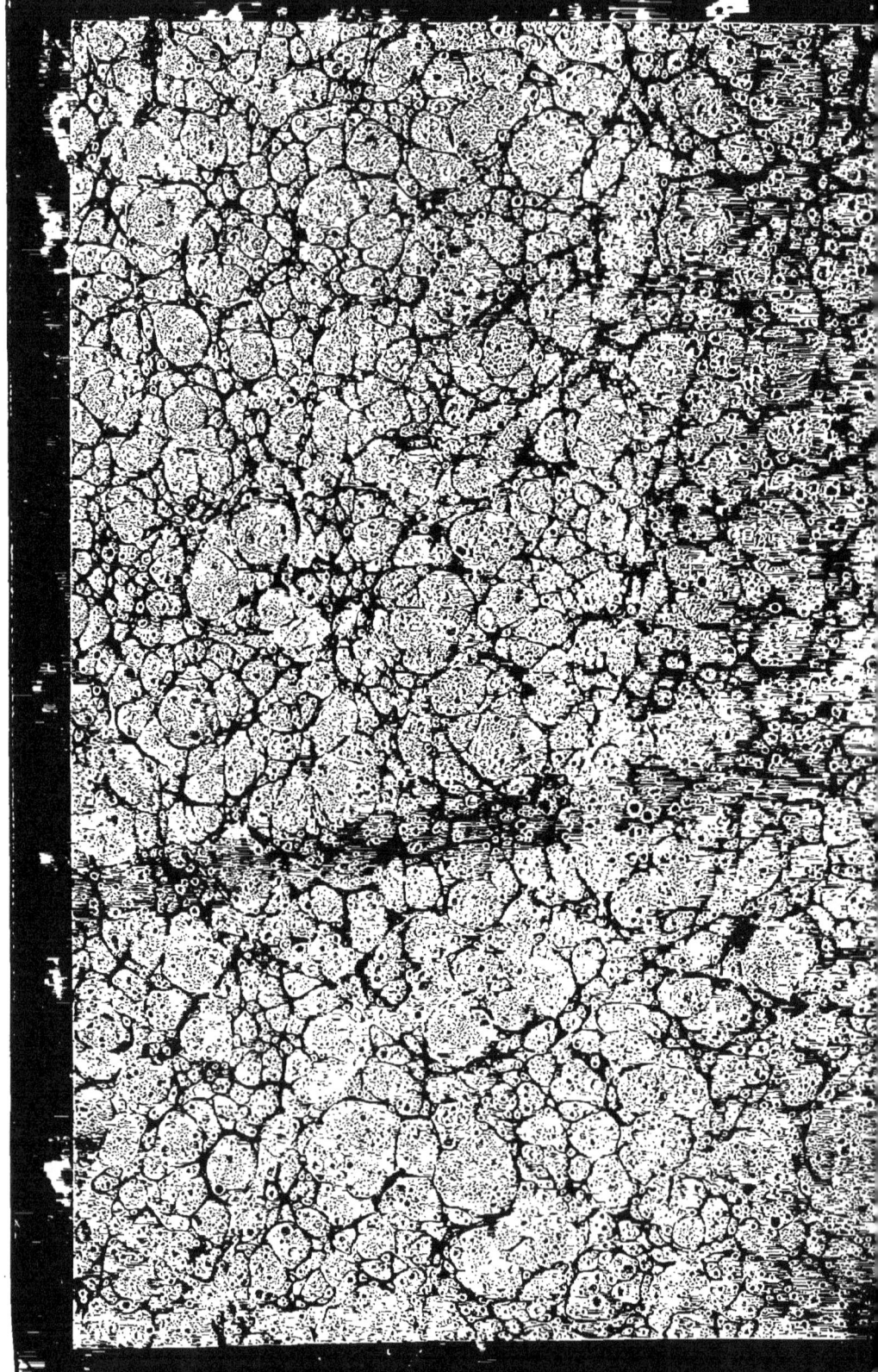

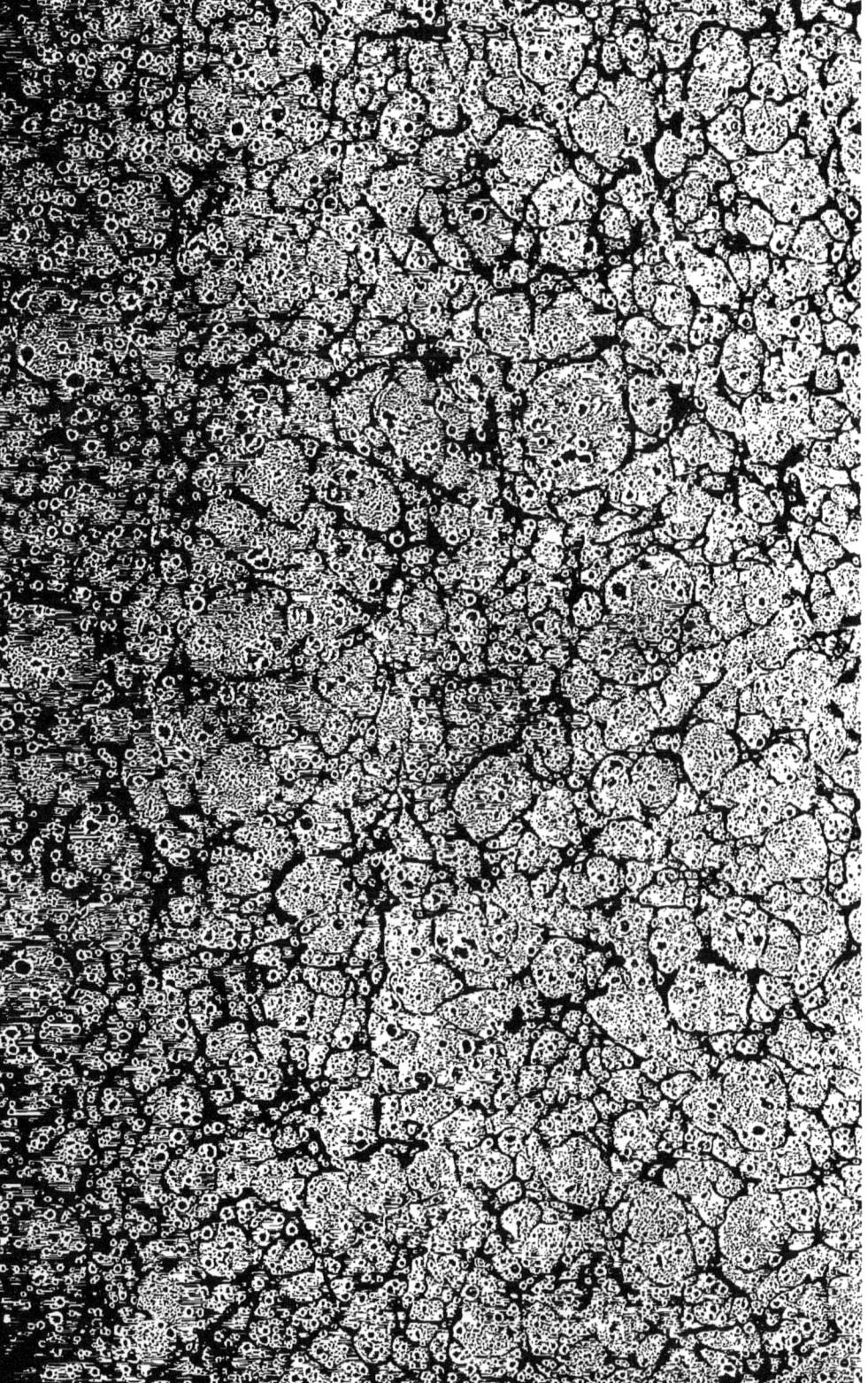

L'ENVERS D'UNE CAMPAGNE

Italie 1859

OUVRAGES DU MÊME AUTEUR :

LE ROMAN DE DEUX JEUNES MARIÉS, Achille Faure, éditeur.
LE MÉDECIN DES DAMES (Scènes parisiennes), Achille Faure, éditeur.
ROMANS MICROSCOPIQUES, librairie du *Petit Journal*.
LES ATHÉNIENNES (*Poésies*), Alphonse Lemerre, éditeur.
LA BOUGIE ROSE (*Comédie en un acte*), Librairie Centrale.
L'ESPRIT DE DIDEROT (Collection Hetzel et Michel Lévy).

Sous presse :

UNE REINE DE PETITE VILLE (*Scènes de la vie franc-comtoise*), Roman.
ROMANS MICROSCOPIQUES (*deuxième série*).

IMPRIMERIE POUPART-DAVYL ET COMP., 30, RUE DU BAC.

CHARLES JOLIET

L'ENVERS
D'UNE CAMPAGNE

Italie 1859

PARIS
LIBRAIRIE INTERNATIONALE
15, BOULEVARD MONTMARTRE
A. LACROIX, VERBOECKHOVEN & Ce, ÉDITEURS
à Bruxelles, à Leipzig et à Livourne
—
1866
Tous droits de traduction et de reproduction réservés

Les événements qui s'accomplissent en Italie donnent à ce livre un intérêt d'actualité.

C'est la campagne de 1859 qui recommence aux lieux mêmes où elle s'est arrêtée, et l'enjeu est encore une fois Venise.

L'intérêt du moment sera favorable à ce livre; cependant il était destiné à paraître dans sa forme humoristique, et sa publication était annoncée depuis longtemps.

LES ÉDITEURS

A

EDMOND TEXIER

EN TÉMOIGNAGE DE VIVE SYMPATHIE

CHARLES JOLIET

AU LECTEUR

« Celui qui a vu peut prétendre
à se faire lire. »

J'étais attaché à la Trésorerie de l'armée française, au quartier général du maréchal Baraguey-d'Hilliers, et j'ai suivi jour par jour, heure par heure, cette guerre au clocher, cette campagne au pas de course qui s'appelle la deuxième campagne d'Italie.

J'ai essayé de rendre ce que j'ai vu et senti avec sincérité, la sincérité étant la meilleure recommandation d'un récit comme celui que je présente au public.

Ceci n'est pas un guide et encore moins un livre d'histoire. Aussi je parlerai fort peu d'art et presque pas de la guerre, et si je me hasarde à faire gronder le canon entre une réflexion et une anecdote, c'est qu'une note grave et sourde fait bien dans un concerto de violon.

J'ai écrit mon Odyssée de la façon la plus amusante que j'ai pu, car je hais l'affectation et l'émotion factice. Voilà pourquoi on trouvera une grande légèreté d'allures dans ces pages intimes, feuillets épars, griffonnés à la hâte sous des impressions d'esprit bien diverses, auxquelles je laisse le ton de l'heure où elles sont nées.

Il appartient aux historiens d'assigner la part qui revient aux vainqueurs et aux vaincus, et je me bornerai au récit de mes impressions personnelles. J'espère que le lecteur aura pour moi une heure de bienveillance et ne trouvera pas mon « moi » trop odieux. J'avais d'abord écrit pour conserver mes souvenirs. Si le public y *trouve quelque délassement et quelque intérêt, j'aurai la récompense des voyageurs, qui sont assez payés d'être écoutés volontiers.*

CHARLES JOLIET.

ITINÉRAIRE

AVRIL 1859

De Paris à Marseille, 29 *avril*.

MAI

Marseille, 30 *avril*-3 *mai*.
En mer (à bord du *Sahel*), 4 *mai*.
Villafranca-Nice, 5 *mai*.
Gênes, 6-12 *mai*.
Arquata, 13 *mai*.
Villavernia, 14 *mai*.
Tortone, 15 *mai*.

Ponte-Curone, 16-20 *mai*.
Voghera, 21-22 *mai*.
Montebello, 23-27 *mai*.
Voghera, 28 *mai*.
Sale, 29 *mai*.
Valenza, 30 *mai*.
Casale, 31 *mai*.

JUIN

Vercelli (Borgo-Vercelli), 1ᵉʳ *juin*.
Novare, 2-5 *juin*.
San Martino del Ticino-Magenta-Boffalora, 6 *juin*.
San Pietro all' Olmo, 7 *juin*.
Milan (ferme de San Martino), 8 *juin*.
Melegnano, 9-10 *juin*.
Segrate, 11 *juin*.
Melzo, 12 *juin*.
Cassano-Treviglio, 13 *juin*.
Mozzanica, 14-15 *juin*.
Urago d'Oglio, 16 *juin*.
Trenzano, 17 *juin*.
Brescia, 18-20 *juin*.
Au camp de Rho, 21-22 *juin*.

Esenta, 23 *juin*.
Castiglione-Solferino, 24 *juin*.
Pozzolengo, 25-29 *juin*.

JUILLET

Mozambano, 30 *juin*-1er *juillet*.
Castel nuovo, 2-17 *juillet*.
Dezenzano, 18-20 *juillet*.
Brescia, 21-23 *juillet*.
Chiari, 24 *juillet*.
Treviglio, 25 *juillet*.
Milan, 26 *juillet*-13 *août*.

AOUT.

Turin-Suze, 13 *août*.
Mont-Cenis. — Saint-Jean de Maurienne, 14 *août*.
Chambéry-Paris, 15 *août*.

L'ENVERS D'UNE CAMPAGNE

ITALIAM

Paris, 29 avril 1859.

J'ai fait mes adieux à Paris, et je ne raconterai pas ici l'emploi de mes dernières journées; c'est l'histoire de tous les voyageurs. Il n'y a que les hirondelles qui s'embarquent sans bagages et sans feuille de route, le cœur léger, la tête libre et les ailes déployées au vent qui les emporte avec le dernier rayon de soleil.

Marseille, 30 avril, 1er, 2, 3 mai.

Le vendredi soir (je ne suis pas superstitieux) 29 avril, j'ai pris le chemin de fer de Marseille, où je suis arrivé le lendemain à quatre heures du soir. Les quatre jours que j'y ai passés m'ont semblé longs.

3 *mai*. — Les ordres de départ sont arrivés.

A BORD DU SAHEL

Enfin, j'ai commencé mon premier voyage maritime! Nous sommes à bord du *Sahel*, en partance pour Gênes. Nos chevaux sont embarqués. Il est dix heures du soir. Le navire quitte le port, et je reste à regarder la manœuvre, malgré une pluie fine et glacée qui tombe depuis trois heures de l'après-midi.

Je m'attendais à une émotion en laissant derrière moi les becs de gaz, dont la lumière éloignée me dit que nous fuyons les côtes de France. Cela ne m'a absolument rien fait.

Je me suis réveillé ce matin dans une cabine, tout étonné de ne pas être malade. Après un solide déjeuner, je suis monté sur la dunette du navire où se promènent quelques officiers.

— Et le mal de mer? me dit un capitaine d'artillerie, avec lequel j'avais dîné la veille, en m'offrant un cigare.
— J'en ai beaucoup entendu parler, répondis-je avec aplomb.
— Vous êtes bien heureux : presque tous nos camarades sont indisposés. Voici du feu.

. . . .

Nous côtoyons les îles d'Hières. A quelque distance, une frégate fait l'exercice à poudre et manœuvre comme un cheval bien dressé.

UNE VISITE A ALPHONSE KARR

Nice, 5 mai

La traversée de Marseille à Gênes est habituellement de vingt heures, ce qui fait que nous avons mis trois nuits et deux jours avant de débarquer. Outre le réel plaisir que j'éprouvai de n'avoir pas le mal de mer, un agréable mauvais temps m'a permis de passer une journée à Nice et de faire une visite à Alphonse Karr, fils de Voltaire, qui s'intitule dans l'Almanach-Didot : ALPHONSE KARR, *jardinier à Nice*. Je n'accuserai donc pas ce pauvre *Sahel;* il a sombré en 1863. Il avait un million à bord : il sera regretté.

Après être resté en panne la deuxième nuit, à cause de nos pauvres chevaux, ballottés sur leurs sangles par un roulis tempéré par du tangage, nous *abordâmes* à Villafranca. Pardonnez-moi « *abordâmes* » *:* ce mot-là est si marin !

Vous connaissez Villafranca. Vous voyez d'ici ses maisons blanches, groupées au bord de son port en miniature et adossées contre un versant des Alpes-Maritimes. De Villafranca, une voiture me conduisit à Nice, en compagnie de quelques passagers, par une route bordée d'oliviers. Leur feuillage, d'un gris verdâtre, fait un contraste plein d'harmonie avec la végétation chaude et luxuriante qui les environne.

Une belle jeune fille, au teint cuivré, nous croisa sur le chemin. Elle était vêtue d'un jupon à bandes rouges et noires alternées, assez court pour laisser voir deux jambes fines et nerveuses, auxquelles le soleil avait donné les tons bruns du bois d'acajou. Elle allait nu-pieds et portait allégrement sur la tête un panier d'oranges acides fraîchement cueillies, qu'elle nous abandonna (détail vulgaire) à raison de cinq sous la douzaine. Elle aurait peut-être donné un baiser par-dessus le marché; mais, en campagne, vous savez qu'il est de principe de ne pas embrasser les jolies filles.

Je ne vous dirai rien de *Nice la Nonchalante*.

Le soleil était chaud, par exemple, et tombait d'aplomb. Nous avons grimpé le chemin en spirale, bordé d'ifs et de cyprès comme un cimetière oriental, qui conduit à la terrasse du château. De cette plate-forme, d'une élévation prodigieuse, l'œil embrasse un des plus beaux panoramas du monde : la Méditerranée, avec ses grandes zones qui changent de couleur à tous les jeux de la lumière, se noie dans les profondeurs d'un horizon immense ; sur le rivage, Nice, la perle blanche des mers, se roule autour de son rocher comme un serpent au soleil ; et, au fond du tableau, le rideau vert des Alpes-Maritimes.

En descendant, le Paillon à sec me fit penser au verre d'eau offert par Alexandre Dumas au Mançanarès. Une voiture passait, et je dis au cocher : « *Alphonse Karr* ». Le véhicule niçois s'engagea bientôt sans hésitation dans un chemin étroit, à pic, raboteux et flanqué de murs jusqu'à la *villa Saint-Étienne*. L'écriteau qui surmontait la grille avait disparu. Il signifiait en termes polis : *Les Anglais n'entrent pas ici*, pour leur faire comprendre qu'ils n'étaient pas au jardin des plantes de Paris. Ces insulaires, si réservés chez eux, traitent les peuples étrangers en pays conquis. Ils vont à l'Opéra en casquette.

> L'Angleterre est une île escarpée et sans bords,
> Où l'on est peu poli quand on en est dehors.

Je me présente, moi, Français, bravement à la grille. Je donne mon nom. J'entre. Je n'ai pas la prétention de décrire la maison d'Alphonse Karr. Je vis une habitation charmante, dans un nid de verdure, des champs de fleurs et quelques animaux familiers.

Alphonse Karr apparut au bout d'une allée. Je le vois encore avec sa vareuse de velours noir; un imperceptible ruban rouge était noué à la boutonnière. Je le reconnus d'après ses portraits et ses caricatures. Sa physionomie, ouverte et légèrement narquoise, vous est sans doute familière. C'était bien ce philosophe tranquille, qui manie la plume et la bêche à ses heures, et qui nous envoie de loin des guêpes cachées sous ses fleurs.

— Vous arrivez avec le mauvais temps, dit Alphonse Karr.

Trente degrés tout simplement.

En toute autre occasion, j'aurais évoqué le souvenir des *promenades* autour de ce jardin merveilleux, et j'aurais peut-être entendu le bourdonnement de l'escadron d'or des *Guêpes*, mais la guerre d'Italie fut le sujet de l'entretien. Alphonse Karr avait un neveu à l'armée. Mon temps était mesuré, je n'osais non plus abuser de l'hospitalité, et je pris congé.

C'est à Montebello que je trouvai le caporal Karr, campé en plaine, au pied de la colline que le village domine comme un nid d'aigle. Le hasard de la campagne nous rapprocha quelquefois. Le caporal Karr est sans doute officier à l'heure qu'il est. Si ces lignes le rencontrent, qu'il y trouve le bon souvenir de nos causeries, dont Alphonse Karr était le fond. D'une lettre de lui j'ai retenu cette pensée, qui résume le code du soldat à l'ennemi : *Sois brave sans férocité.*

J'ai repris la mer, enfin calme. Le lendemain, au lever du soleil, on frappait à coups redoublés à la porte de ma cabine : *Gênes! Gênes! Nous entrons dans le port de Gênes!*

GÊNES

Du 6 au 12 mai.

> « Mer sans poissons, montagnes sans bois, hommes sans foi, femmes sans pudeur. » — (*Proverbe génois.*)

> « Il y a tant de libertinage à Gênes qu'il n'y a pas de filles publiques — tant de prêtres qu'il n'y a pas de religion — tant de gens qui gouvernent qu'il n'y a pas de gouvernement — tant d'aumônes que les pauvres y fourmillent. » — Dupaty.

> Tu l'as vue, assise dans l'eau,
> Portant gaîment son mezzaro,
> La belle Gênes,
> Le visage peint, l'œil brillant,
> Qui babille et joue en riant
> Avec ses chaines.
> A. de Musset.

« J'aime l'admiration, une des plus heureuses, de nos plus nobles facultés, et quand elle est autre chose qu'un engouement de commande ou un enthousiasme d'emprunt, le temps la fortifie au lieu de l'affaiblir. Elle ne se blase point. Je trouve même que la réalité des belles choses est supérieure à l'imagination, et en tout, j'ai plus senti que je n'avais rêvé. Une des choses qui font le plus de tort à la vérité, c'est la quantité incroyable de mauvaises raisons dont on l'appuie. On traite le beau comme la vérité, et l'on ne sait pas le louer sans lui prêter toutes sortes de mérites qu'on invente ou qu'on surfait. On se forge des règles pour approuver, des formules pour sentir. »

Ce passage de M. Charles Rémusat m'est revenu en mémoire, et je me suis promis, en posant le pied sur le sol de l'Italie, de me mettre en garde contre toutes les idées préconçues à l'endroit de cette terre tombée dans le domaine public et classique, pour garder la virginité de mes impressions.

N'en déplaise aux amateurs de rhétorique et aux ciseleurs de phrases, la première chose à faire, en arrivant à Gênes, est d'aller prendre un bain, et ensuite de déjeuner sous les orangers du café de la Concorde.

Toutefois, il ne faudrait pas croire que je professe le *nil mirari* d'Horace, et j'ai souffert plus d'une fois de ne pouvoir admirer et sentir. Les grandes émotions sont rares et rapides. Qui sait si les décors de l'Opéra et de la Porte-Saint-Martin ne m'ont pas gâté deux magnifiques spectacles : la mer que je voyais pour la première fois, et le port de Gênes au lever du soleil !...

On aurait beau fatiguer son imagination, évoquer ses souvenirs, rien ne saurait donner l'idée de la Superbe du côté de la mer. Quand on entre dans le port par un beau soleil, on est ébloui. La ville, bâtie en amphithéâtre circulaire, offre à l'œil ses échafaudages de palais de marbre, de brique rouge et de jardins suspendus... On cherche en vain une maison dans les trois grandes artères traversant la ville, *la via Balbi, la via Nuova* et *la via Nuovissima*, qui forment une longue enfilade de palais d'architectures et de couleurs variées.

« Les propriétaires de ces beaux palais, la plupart nobles et sénateurs, ignorent les beautés qu'ils possèdent ou ne l'apprennent que de l'admiration des étrangers ou de la renommée qui les vante. Au lieu d'habiter ces superbes appartements, ils logent dans des galetas, ils ne paraissent que les gardiens de leurs palais. »

Je ne pense pas que cette remarque de Dupaty soit juste aujourd'hui; on m'a dit cependant que certains propriétaires ruinés vivaient en partageant avec le *custode* les oboles du visiteur. Vivre pauvre à côté de tableaux qui font envie au Louvre, voilà qui me surprend et ne peut être attribué qu'à l'orgueil de ne pas livrer à l'étranger ces nobles héritages de leurs ancêtres.

A part les trois grandes artères que je viens de citer, le reste de la ville n'a pas un aspect monumental. Toutes les rues de Gênes sont étroites pour y conserver l'ombre et la fraîcheur. On m'avait affirmé qu'elles étaient fort malpropres. C'est peut-être en notre honneur qu'elles sont balayées plusieurs fois par jour, et leurs dalles de granit sont unies comme celles d'une cuisine hollandaise. Il n'y manque que des tapis.

Les ameublements des palais sont d'un luxe effrayant, et l'art y a entassé toutes ses merveilles. Les appartements sont vastes et clairs. L'air et l'eau circulent à flots. Partout le regard rencontre des jardins, des galeries, des colonnades, des statues; des péristyles dallés en mosaïque. Partout du marbre.

Les maisons sont très-élevées. J'ai compté jusqu'à dix étages.

Gênes est la seule ville qui m'ait laissé dans l'esprit le souvenir d'une physionomie vraiment originale, bien qu'elle soit transformée en place de guerre depuis mon arrivée. On ne voit que des uniformes, et, chaque jour, des navires jettent sur le port des milliers d'hommes avec l'épouvantable matériel de l'armée. Cependant, le dimanche (12 mai), jour de la fête donnée pour l'arrivée de l'Empereur, le peuple, débordant dans les rues, avait mis ses habits de gala, et les mezzaros blancs des Génoises, qui les font ressembler à des premières communiantes, se détachaient au milieu de la foule bigarrée.

Joignez à cela les troupes sous les armes, les

cris de la multitude, les cloches sonnées à grandes volées, le bruit imposant et régulier du canon, et vous aurez vu une fête italienne.

Le soir, il y a eu représentation au théâtre *Carlo-Felice*.

Devant la façade de chaque palais, masquée par des drapeaux et des tentures multicolores de soie et de velours à franges d'or, brûlaient d'énormes cierges. L'illumination du port était splendide.

Nous sommes installés pour huit jours à la *casa Bonino Ratto, strada interna della Chiapella*, n° 39. Je ne suis pas fâché d'écrire cette adresse. Elle donne de la couleur locale à mon récit.

Nous avons un jardin qui domine la mer.
Le *café de la Concorde* est le centre de réunion des officiers. Il forme un grand parallélogramme dont les ailes encadrent un jardin merveilleux. On y mange bien, et l'on y prend des glaces exquises, surtout les glaces aux fruits.

Si vous voulez des détails sur les monuments et l'histoire de Gênes, achetez un *Guide*. Le plus beau monument ne vaut pas le café de la Concorde, où j'allais fumer mon cigare, le soir, sous ses acacias et ses orangers parfumés. Adieu, Gênes ; adieu, café de la Concorde !

ARQUATA

13 mai.

Aujourd'hui, à cinq heures du matin, le chemin de fer de Gênes à Turin nous conduit à *Arquata* rejoindre l'état-major du maréchal Baraguey-d'Hilliers, dont nous suivrons les mouvements. Le lendemain, nous avons quitté cet odieux petit village.

Cette fois, me voici en campagne.

L'armée est en marche. Les divisions échelonnées sont en avant. Les bagages suivent ; caissons, fourgons, voitures, chariots, chevaux, bœufs et mulets s'avancent à la file sur une longueur de deux ou trois kilomètres.

Depuis le matin, il tombe une de ces petites pluies fines qui vous trempent un homme jusqu'aux os en une demi-heure. Je supporte assez bien le froid ou le chaud; mais la pluie a le privilége d'endormir mes facultés morales. Mon Odyssée menaçait de commencer d'une façon lugubre, mais en Italie le soleil finit toujours par avoir le dernier mot. Au milieu de la route, j'abaissai le capuchon de mon caban à la vue du ciel qui avait repris ses belles teintes vertes et bleues.

Au moment d'entrer à *Villavernia*, deuxième étape d'une course qui ne devait s'arrêter qu'avec les Autrichiens, une bruyante clameur arriva à mes oreilles.

« *J'entends rire mes zouaves*, dit un capitaine; *je parie qu'il est arrivé un accident.* »

En effet, un zouave était tombé dans un fossé, plongé dans l'eau jusqu'à la ceinture, en compagnie d'un mulet.

VILLAVERNIA

11 mai.

Nous sommes logés dans le château, charmante habitation avec un parc et un jardin. Il n'y a pas de lits! On prendra mon sort en pitié quand on saura que j'avais oublié d'en acheter un. J'aurais volontiers fait la campagne avec des cigares, un carnet et une culotte de nankin. Je me décidai à faire un tour de promenade au dehors, comptant sur le hasard, cette providence des gens abandonnés. La providence avait un costume de capitaine d'état-major.

— Bonjour, capitaine. Je vous serais bien obligé de m'indiquer un endroit où je trouverais une botte de paille?

— La paille est rare, me répondit sentencieusement le capitaine. Vous trouverez plutôt du foin.

— Du foin, cela m'est égal.

— Est-ce que votre cheval n'a pas de foin?

— Ce n'est pas pour mon cheval, c'est pour moi.

— C'est différent.

— C'est pour me coucher. J'ai une très-belle chambre, et je n'ai pas de lit.

Le capitaine prit un bouton de ma tunique.

— Je vais vous donner mieux qu'un lit, me dit-il avec un grand sérieux ; ce sont deux aphorismes que j'ai rapportés d'Afrique et dont je me trouve bien :

1° *En campagne, on ne demande rien, on prend.*
2° *Quand on a pris, on garde.*

— Capitaine, voilà une morale plus élastique que le sommier où je reposerai ma tête ce soir.

Nous descendîmes ensemble jusqu'au village, dominé par le château. Un régiment de ligne campait dans l'église; les autres étaient disséminés à droite et à gauche. Chacun allait et venait. De tous côtés, des feux s'allumaient dans la plaine, au milieu des tentes et des faisceaux. Les marmites fumaient.

— Voilà, dis-je au capitaine, la vraie physionomie d'une armée.

— Oui; en campagne, *manger* est un mot grave. Tenez, les fantassins allument leur feu....

— Eh bien?

— Les zouaves ont déjà pris le café.

Je quittai là mon compagnon. J'ai trouvé un lit de sangles, et le lendemain nous sommes partis pour *Tortone*.

TORTONE

15 mai.

Encore la pluie, mais aujourd'hui c'est une pluie sérieuse. Les soldats disent que c'est un bon temps pour les petits pois, à quoi je réponds qu'elle pourrait aussi bien tomber pendant la nuit, et laisser les gens tranquilles. Tortone est la plus triste de toutes les petites villes; elle a une grande rue avec des arcades. Il n'y a pas de maigre trou par ici où on ne rencontre des arcades. Nous appelons cela *la rue de Rivoli*, pour fixer nos idées, étant peu ferrés sur les *strada* et *contrada* de pays qu'on n'habite pas vingt-quatre heures. J'y ai cependant trouvé un lit de fer en X qui se replie sur lui-même. Il n'est pas d'aplomb sur ses pieds, inconvénient qui l'a rendu célèbre sous le nom de *tangage*.

Heureusement nous partons demain.

MONTEBELLO

PONTE CURONE

16, 17, 18, 19, 20 mai.

Je vous dirai, comme le *président de Brosses* : « Routes, situations, gîtes, repas, détails inutiles, faits nullement intéressants, vous aurez tout. »

« Or, écoutez l'histoire entière
« De votre ami le Bourguignon,
« Qui, tout le long de la rivière,
« Avec Loppin, son compagnon,
« Pour s'avancer sur la frontière,
« Est allé jusqu'en Avignon. »

Nous partons pour *Ponte Curone*. Soleil, beau temps, route unie, ruisseaux, arbres verts, avec cela, quand on mange, on n'a pas le droit de se plaindre.

Nous voici installés dans le palais d'été du seigneur Paolo Farina. Notre logement se compose de deux chambres et d'un immense salon au rez-de-chaussée, éclairé par de hautes portes à vitraux de couleur. Autour de ce salon, qui ressemble à un petit musée, règne un large divan élastique qui remplacera provisoirement mon lit de camp. J'avoue que mes yeux se reposent avec complaisance sur des glaces de Venise, des peintures à fresque, des cheminées à garnitures de bronze et plusieurs magnifiques tableaux, entre autres une *Cléopâtre*, qu'on m'assure être une bonne copie de celle du Guide.

Une double porte vitrée donne accès dans un petit jardin où se fera la cuisine. Nous ne mangeons pas, il est vrai, dans des assiettes de porcelaine, mais nous recevons d'illustres visiteurs et nous avons le loisir de jouer aux échecs sur un damier d'ébène et d'ivoire.

J'ai fait la découverte d'une table assez curieuse. Au premier abord, je l'ai cru encombrée de toute sorte d'objets: ciseaux, livres, dominos, lettres ouvertes, journaux, lorgnon, pains à cacheter, etc. Tout cela était peint et disposé avec un art tel que des yeux, myopes comme les miens, peuvent s'y tromper d'assez près.

Les environs de *Ponte Curone* sont très-pittoresques. La *Scrivia* coule à l'entrée du village. Je suis allé me promener sur ses bords à la tombée de la nuit. Le cœur se fond de mélancolie devant le paysage, borné par la sombre chaîne de l'Apennin. La lune s'était levée derrière les montagnes, dont les cimes se dessinaient comme l'échine onduleuse d'un gigantesque reptile. La rivière serpente entre ses rives bordées de saules et de peupliers. Deux zouaves, les jambes dans l'eau, lavaient leur chemise sur un débris de pont coupé par l'ennemi. Au fond, un cavalier accourait bride abattue. C'était une belle nuit d'Italie.

On vient de nous envoyer cinq jeunes troupiers qui nous serviront d'ordonnances. C'est un petit événement comme l'arrivée d'un *nouveau* au collége, à la première récréation. Ils vont faire campagne avec nous, et le pain de munition rapproche un peu les distances. Celui qui est attaché à ma personne se nomme Laurent. Après une petite délibération, Givaudan fut promu tout d'abord aux importantes fonctions de cuisinier.

Nous avons deux fourgons : l'un qui contient nos bagages, et l'autre qui renferme le trésor, les dépêches et les provisions de bouche. Celui-ci s'appelle le *fourgon fermé*. Chaque fourgon est traîné par quatre robustes chevaux, doux comme des moutons. Les deux de gauche, appelés *porteurs*, sont montés par des cavaliers du train, arme un peu obscure, un peu dédaignée, et c'est à tort. Les soldats du train, chargés d'un service ingrat et pénible, d'une utilité reconnue à toute heure, sont des modèles de patience, d'énergie, de discipline, de devoir, d'abnégation. J'aime à exprimer ici cette opinion sur leur compte.

En résumant mon énumération, le Trésor du quartier général du 1er corps, sans compter son escorte renouvelée tous les jours, se compose de 5 officiers, 5 ordonnances, 4 cavaliers du train, 13 chevaux et 2 mulets.

Tout cela forme une petite famille qui n'est

pas triste à voir. Nos ordonnances ont tous l'air de braves garçons décidés à bien faire.

J'ai dit que Givaudan avait été promu tout d'abord à la dignité de cuisinier. C'est l'homme le plus doux, le plus placide, le plus honnête, le plus complaisant et le plus lent qu'on puisse imaginer. Il dit : *des bistecks*, mais on lui pardonne cette légère imperfection. C'est la naïveté en personne. Il est natif du département des Hautes-Alpes, et nous l'appelons Givaudan, *fils des Sommets*.

Notre camarade *Emilio* est *chef de popote* perpétuel. Il a habité quatre ans la Corse et parle bien l'italien. Son pouvoir est illimité. L'arbitraire est le code du chef de popote. Mangez ou ne mangez pas, mais ne proférez aucune plainte, ne hasardez aucune observation. C'est surtout en campagne qu'il faut des dictatures.

Malgré toute sa bonne volonté, Givaudan, *fils des Sommets,* était un mauvais cuisinier. Emilio le démit de ses fonctions pour les confier à Godin, qui mena de front ses chevaux et la cuisine. Givaudan devint son second sans murmurer contre la destinée.

Godin a l'œil intelligent, la figure jeune et très-éveillée. Il est adroit comme un singe et nous rend mille services. C'est le devoir incarné, ne se plaignant de rien, n'ayant jamais besoin d'un ordre, d'une honnêteté à l'épreuve, et mettant son bonheur à ce que tout le monde soit content de lui. On verra plus tard à la suite de quels événements Givaudan devint mon ordonnance.

L'Empereur est venu à Ponte-Curone en voiture découverte et sans escorte.

LA MARCHE DES RÉGIMENTS (1)

Aujourd'hui vendredi 20 mai, vers une heure de l'après-midi; on a battu la *Marche des régiments* pour aller à l'ennemi. En quelques minutes, le camp était levé et les troupes partaient. En

---

(1) Batterie ou sonnerie particulière : c'est l'appel aux armes de tous les soldats du même régiment.

passant dans le village, la musique joua une marche, interrompue par la voix brève des officiers, les notes cuivrées des clairons, les vibrations des tambours, et, dans les moments de silence, le bruit sinistre de l'artillerie roulant au grand trot entre deux haies de chasseurs au pas de course. Toute la nuit, j'entendis des piétinements sourds d'hommes et de chevaux. C'étaient la cavalerie et l'infanterie qui se portaient en avant. D'instant en instant, un cheval s'arrêtait dans la cour, un cavalier descendait, remettait un ordre et repartait au galop.

Le lendemain matin, on vint nous annoncer que les Français occupaient Montebello, et le nom des officiers morts. Le quartier général reçut l'ordre de se porter à Voghera.

VOGHERA

21, 22 mai.

Voghera est une petite ville de dix mille habitants, qui n'a rien de remarquable, à l'exception des promenades qui l'entourent. C'est là que j'ai appris les détails du premier engagement de nos troupes avec les Autrichiens.

En entrant dans la cour de la maison où nous sommes logés, j'entendis un sergent du 84ᵉ qui criait :

— Peltier, Faivre, Magon !
— Voilà ! présents !
— Je vous ai prévenus que vous seriez de garde si vous n'étiez pas tués ; prenez vos fusils, rossards !

UNE PANIQUE

Aux armes ! aux armes ! Les Autrichiens ! J'étais tranquillement assis chez un perruquier quand ces cris m'arrivent aux oreilles. Des milliers de soldats se précipitent comme un torrent vers l'une des extrémités de la ville. A tout hasard je regagne mon poste, où j'eus bientôt l'explication de cette panique. C'était l'Empereur qui arrivait escorté par un escadron de hussards blancs, dont le costume ressemble à celui de la cavalerie autrichienne. Cet accident se renouvela plusieurs fois, jusqu'au jour où les hussards blancs prirent le parti de retourner leurs dolmans.

MONTEBELLO

23, 24, 25, 26, 27 mai.

Nous sommes partis ce matin, à cinq heures, pour *Montebello*. C'est un petit village, à une heure de marche de Voghera, perché comme un nid d'aigle sur une colline assez élevée. D'un côté s'étend l'Apennin, de l'autre la vue se perd dans l'immensité des plaines. De la terrasse du château qui domine le village, nous distinguons, à l'aide des lorgnettes, les maisons de Pavie et le cours du Pô, où les Autrichiens se fortifient pour nous barrer le passage de la *Stradella*.

Lorsque nous sommes arrivés, les habitants, qui avaient cherché un asile dans les montagnes, commençaient à rentrer. Le long de la route qui passe au pied de la colline, les arbres sont mutilés par le canon. Les maisons de *Montebello* sont criblées par la mitraille et les boulets. J'ai vu un nid d'hirondelle à moitié emporté par une balle, dans un escalier.

J'ai visité le champ de bataille avec des officiers, étonnés que l'ennemi ait pu abandonner, au bout de quelques heures, une position inattaquable, et qui se défendait pour ainsi dire d'elle-même.

Nous avons découvert, dans un champ, derrière le potager de la maison que nous habitons, une espèce de hutte construite avec des branchages au-dessus d'un trou en forme d'entonnoir. C'est là que se tenait, à l'abri du feu, l'état-major autrichien.

UN ESPION

On vient d'arrêter un espion, grâce à la sagacité d'un médecin de l'armée. Le docteur l'a rencontré dans la rue, marchant à l'aide d'une élégante paire de béquilles neuves, blanches et immaculées. Il y avait de la boue. Ces béquilles attirent son attention, et il observe leur propriétaire.

« *Cet homme ne boîte pas d'une façon classique;* » se dit le docteur. Moyennant quoi, l'espion fut conduit devant le grand prévôt, qui en a fait son affaire.

Nous avons passé cinq jours à *Montebello*. C'est un village célèbre, je n'en disconviens pas ; mais je commençais à m'y ennuyer.

Demain, 28 mai, par une contre-marche, pendant que l'ennemi nous attend dans une position formidable, nous partons pour Voghera ; le 29, nous serons à Sale, le 30 à Valenza, et le 31 nous passerons tranquillement le Pô sur le pont de fil de fer de Casale.

CASALE

31 mai.

Casale est une jolie ville italienne de 20,000 habitants, fortifiée, régulièrement bâtie, et qui a quelque chose de monumental. Tout est en fête, et il y a ce soir illumination générale à l'occasion de l'affaire de *Palestro*. Voici la copie littérale du bulletin qu'on m'a remis au café et que j'ai conservé :

BULLETIN DE LA GUERRE (N° 59)

Verceil, ce 31 mai 1859,
à 7 heures 35 minutes après-midi.

Elles arrivent en ce moment au souscrit du quartier général principal de Sa Majesté les suivantes nouvelles officielles.

Tandis que S. M. le Roi se préparait pour assaillir *Robbio* fut *attaché* lui-même à 7 heures par l'ennemi. Leurs forces paraissaient petites mais au contraire ils étaient grandes.

L'attaque principal est parvenu de la coté droite affin d'empècher le corps d'armée du Maréchal Canrobert de se réunir avec celui du Roi. S. M. le Roi résista longtemps avec la 4me division, qui se distingua beaucoup, commandée par le valeureux Cialdini, et avec le 3me régiment des Zuaves. Après un *accanit* combat par les deux côtés, le Roi passa à l'offensive, et repoussa vers les deux heures l'ennemi bien loin.

25 milles étaient les Autrichiens et 12 milles les nôtres. Beaucoup furent les morts par toutes deux les parties, entre lesquels un général autrichien avec plusieurs officiers. Nous avons pris aux ennemis huit pièces de canon, cinq desquels par les Zuaves, qui en cette occasion, comme toujours, ont déployé une valeur heroïque.

Mille et plus prisonniers sont resté entre nos mains. Ainsi le corps d'armée du Maréchal Canrobert a pu exécuter le passage de la *Sesia*, et s'unir avec les trouppes de S. M. le Roi.

Pendant ce sanglant combat un autre en succédait à *Confienza* où l'ennemi fut égualement

3.

repoussé par le général Fanti, après un feu qui dura deux heures.

Vu pour l'imprimerie :
Le commissaire extraordinaire,
Tecchio.

Vercelli, typ. et lit. de Gaudenzi.

J'ai lu avec avidité ce bulletin, dont le traducteur ne partage pas nos préjugés grammaticaux. Cependant il m'a fait bien rire. On ne peut pas toujours être sérieux.

VERCELLI

1er juin.

Nous avons franchi le Pô, absolument comme s'il s'était agi du pont des Arts, le *Mincio* des académiciens en herbe. Vers le milieu de la journée, nous déjeunions à *Vercelli*, que les journaux s'obstinent à écrire *Verceil*. Pourquoi *Verceil*, s'il vous plaît? ne sauriez-vous prononcer *Vercelli?* C'est une mauvaise habitude que nous avons de franciser les noms propres. Nous disons *Chekspire*, ce qui est bien, et nous disons *Biron*, ce qui est mal, et de plus, illogique. Francisons, empruntons, traduisons, arrangeons ce qui nous semble bon à prendre dans les langues étrangères, j'en suis d'accord, puisque la nôtre, étant la plus claire et la mieux définie, est destinée à devenir universelle ; mais les noms propres ont une signification particulière, une couleur, et pour ainsi dire une physionomie. Ils devraient être inviolables, excepté les noms allemands.

Après avoir bien déjeuné, nous sommes allés voir les huit canons autrichiens, qui ont l'air de nous tourner le dos, et de là, prendre le café.

Vercelli est, comme Casale, une ville de 20,000 habitants, mais elle est loin d'avoir sa physionomie. Je commençais à m'y plaire. Depuis deux heures, je rêvais les délices de Capoue, et un palais, comme la veille, lorsque l'ordre arriva de monter à cheval pour aller coucher dans un village qui s'appelle *Borgo-Vercelli*. Je comprends la légende du juif errant. La peste des villages.

TONY

Voilà la *Sesia* passée. Tony a essayé de me jeter à l'eau en passant sur le pont de bateaux. Lecteur, je te présente Tony. C'est mon « *dada.* » Il a le poitrail large, la tête sèche et la jambe fine et nerveuse. Bien qu'il soit blanc comme la neige, sa crinière et sa queue sont noires, ce qui lui donne l'air le plus fantasque et le plus original qu'on puisse imaginer. Je l'avais choisi à la remonte de Marseille, et j'eus lieu de m'en repentir. Tony est doux, pacifique et bon enfant; il mange volontiers du sucre dans ma poche, et il serait parfait sans un défaut unique qui paralyse toutes ses bonnes qualités : « il est *ombrageux.* » Quand il marche en troupe, rien ne l'émeut ; mais dès qu'il se voit seul, la moindre chose lui donne la fièvre de la peur, et il souffle alors comme une clarinette aveugle, en dressant les oreilles.

Il n'a pas été sans s'apercevoir bientôt que je suis novice cavalier, et il n'en a pas abusé ; jusqu'à présent, il s'est borné à me faire faire au galop le tour du port de Gênes en plein midi. A *Montebello*, un homme qui cueillait des feuilles de mûrier lui parut un spectacle tellement extravagant, qu'il m'a emporté l'espace d'un bon kilomètre à travers choux. Une autre fois, il m'a fait franchir un fossé à la vue d'une vieille femme qui ouvrait un parapluie rouge sur la route pour se garantir du soleil; enfin le bruit de son sabot sur les planches du pont de bateaux lui a donné une telle frayeur, que sans un prodige d'équilibre j'étais à l'eau. Le capitaine M*** prétend que Tony n'a pas dit son dernier mot et qu'il me tuera un jour ou l'autre. Ce qui serait tout au moins ridicule.

ROUTE DE BORGO-VERCELLI

Nous entrons dans un petit bois tout plein d'ombre. Les chevaux prennent le pas. A côté de moi marche un zouave du 3e régiment qui était à *Palestro*. Son principal grief contre les Autrichiens consiste à avoir été forcé d'abandonner sa marmite, où il faisait la soupe au café. Il parlait aussi de son pantalon de drap qui s'était empli d'eau en traversant les rizières et qui l'empêchait de courir, inconvénient qui ne serait pas arrivé avec le pantalon de toile.

Son régiment n'avait pas tiré un coup de fusil, et on avait « *travaillé à la baïonnette* ». Il faut avoir entendu cette expression dans la bouche d'un zouave pour bien s'en rendre compte.

Quelqu'un lui demanda des nouvelles de son lieutenant.

— Mon lieutenant?... Il a été tué par un boulet, loin de moi à peu près comme d'ici à ce gros arbre.

Borgo-Vercelli est le plus sale et le plus triste village qu'on puisse imaginer. Sans nos provisions, je mourais de faim. Nous partirons demain à quatre heures du matin, et nous serons à Novare vers dix heures.

MAGENTA

LA CASA PIANTARINA

Novare, 2, 3, 4, 5 et 6 juin.

On nous a désigné pour habitation une ferme située à une bonne portée de fusil de la ville. Elle s'appelle la *casa Piantarina*. C'est une grande ferme bien tenue, avec des dehors propres et honnêtes qui annoncent la présence d'une bonne ménagère. Le propriétaire a six enfants, deux garçons et quatre filles. Cette petite république a l'air de vivre en bonne intelligence et très-heureuse. Le père fume sa pipe dans la grande salle du bas; la mère s'occupe du ménage avec deux domestiques. Les deux garçons, l'un d'une vingtaine d'années, et l'autre d'une dizaine, ont l'air sérieux et intelligent. L'aînée des filles paraît avoir quinze ans et veille sur ses petites sœurs, qui regardent nos uniformes avec leurs grands yeux éveillés.

Les miens, fatigués de toujours rencontrer de l'infanterie, de la cavalerie, des canons et des chariots, se reposent dans la contemplation de ces beaux enfants « *qui portent déjà la livrée du soleil.* » A les voir vivants et frétillants comme des poissons sur l'herbe, j'éprouve un plaisir comparable à celui d'un homme qui reverrait des arbres et des fleurs, après avoir passé l'hiver à Paris. Tout le monde nous a fait bon accueil, et après avoir terminé notre toilette, nous sommes allés à Novare.

C'est une assez belle ville, régulièrement bâtie, et qui a presque une physionomie française.

Le soir nous sommes rentrés à la *casa Piantarina*, où nous avons dîné gaiement et causé fort tard. Ah! les bonnes causeries!

LE CAPITAINE M***

Nous avons l'habitude de recevoir beaucoup de visiteurs, entre autres le capitaine M***, aide de camp du général commandant en chef l'artillerie du premier corps. Quand il reste deux jours sans venir, je vais aux informations. « *On n'a pas vu le capitaine M*** aujourd'hui,* » produit l'effet de l'étonnante nouvelle de Bossuet.

Tenez, le voici : il entre, le monocle rond incrusté dans l'orbite gauche, il est chez lui. C'est la joie de la maison, avec son visage jeune, son sourire affable et sa verve de bonne humeur.

On distingue, près du dernier bouton de sa tunique fermée, une croix d'honneur microscopique. Voici le capitaine M*** : une chaise, un verre d'absinthe et des poignées de main.

Le capitaine M*** attend toujours des lettres.
« *Les lettres*, dit-il, *sont la santé morale de l'armée.* »

Le mot est vrai et profond. Une lettre de France est une heure de joie, un parfum de la patrie; c'est le souvenir. Depuis les épîtres blasonnées jusqu'à l'humble lettre des mères, renfermant un peu d'argent, un scapulaire ou une lourde médaille bénie, jusqu'à celles des cuisinières, pleines de cheveux, toutes sont lues avec émotion. On les relit souvent, sous la tente, pendant les longues heures, et souvent aussi, on les retrouve sur la poitrine des morts.

Le lendemain matin, à peine levés, nous avons retrouvé les trois petites filles de la maison, conduites par leur sœur aînée, toutes rouges, tout émues, les yeux baissés, et dissimulant mal leurs charmants sourires.

Le lait des étables, les fleurs du jardin, tout a été mis au pillage en l'honneur de nos royales personnes. Notre payeur, en souvenir de sa petite fille, accapare Rosina, qui veut lui faire accepter son chat gris... Thérésita, plus blanche qu'un lis, avec des cheveux noirs frisés sur le front, m'apporte des moineaux qui piaillent comme des geais déplumés. Si des baisers ont pu nous acquitter avec tous ces gracieux enfants, ils doivent être en reste avec nous.

Et voilà tout à coup une terrible nouvelle. Le plus jeune des garçons a disparu. L'un dit qu'il s'est noyé dans une mare, l'autre qu'il est peut-être tombé dans un avant-poste ennemi. Tout le monde se met en quête, qui à pied, qui à cheval, excepté le factionnaire.

Le *bambino* était perché sur un cerisier, en train de se donner une indigestion.

LA BICOCCA

Nous venons de faire ce qu'on appelle « un *mouvement,* » c'est-à-dire que nous avons quitté la ferme pour aller à la *Bicocca,* à une demi-lieue de Novare, où j'ai passé une partie de la journée. En rentrant au quartier général, j'ai trouvé cette inscription grecque écrite à la craie sur la porte par un de nos prédécesseurs : *Kelbikok.*

A une heure du matin, ordre de se rendre à l'entrée de la ville, où nous ne sommes arrivés qu'à trois heures, ayant passé deux heures sur la route à attendre le signal du départ.

C'est à la Bicoque, à ce qu'on m'a dit, que Bayard a été blessé à mort, et qu'on l'a assis contre un arbre, face à l'ennemi.

BATAILLE

On s'est battu hier, à San-Martino, près du Tessin. Des convois de blessés, en voiture ou sur des cacolets (1), arrivent dans la ville. Des officiers de la garde, étendus sur la paille ensanglantée d'un chariot plat, m'ont donné quelques détails sur la bataille. On ne sait pas encore le nom qu'on lui donnera, ni le chiffre des pertes, qui est énorme des deux côtés. J'ai pris congé de ces officiers, presque tous jeunes; je me sentais le cœur un peu faible devant leur pâle et tranquille sourire.

Tout se transforme en hôpitaux. Ceux de la ville sont pleins. Les femmes de Novare se disputent l'honneur de soigner elles-mêmes les blessés. De doux yeux et des mains blanches font vite oublier la trousse des chirurgiens.

(1) Mulets portant un siége, à droite et à gauche du bât, où l'on place les blessés.

SAN-MARTINO DEL TICINO

6 juin.

A cinq heures du soir, il a fallu dire adieu à Novare, sans dîner. Heureusement nous avons fait des provisions. Au milieu de la nuit, nous nous sommes arrêtés dans une grande plaine, où chacun s'est couché en plein air, à sa fantaisie. Autour de nous campaient les divisions du premier corps. Pour mon compte, j'avais fait la découverte de trois bottes de foin, sur lesquelles je m'endormis profondément. Vers six heures du matin, je me sentis tirer par mon pantalon, et je me trouvai au centre de sept ou huit mulets, rangés en cercle, occupés à manger mon lit. On a eu toutes les peines du monde à me dégager. Ces mulets n'ont pas volé leur réputation; ils sont entêtés comme des proverbes.

Près de moi s'étendent les fortifications de terre où s'étaient retranchés les Autrichiens pour nous barrer le passage du Tessin. Nous sommes à

San-Martino del Ticino. C'est là qu'a commencé la bataille de *Magenta*. A quelque distance de notre camp se trouve une gare de chemin de fer, transformée en ambulance, au milieu de laquelle gisent étendus pêle-mêle des débris des deux armées.

Il est rare qu'un blessé français profère une plainte. Quand il peut parler, il appelle d'une voix faible, presque toujours pour demander à boire; quand il ne le peut pas, son œil supplie et vous remercie d'un regard mélancolique.

MAGENTA

Nous avons passé le Tessin, et nous avons traversé le champ de bataille de Magenta, pour arriver à *Boffalora*, où nous avons couché. Les ponts de pierre étaient coupés, comme d'habitude, ainsi que les rails des chemins de fer et les fils des télégraphes. Le lendemain, nous sommes partis à quatre heures du matin pour *San-Pietro all' Olmo*, en passant par Magenta pour la seconde fois.

CHAMP DE BATAILLE

Les morts sont enlevés. Le sol est couvert d'armes brisées (1), de sacs éventrés, de sabres rouillés, de gibernes vides, de souliers, d'uniformes tachés, de shakos écrasés et de mille débris. Les fossés, remplis de petits morceaux de papier, attestent la lutte mortelle de l'infanterie. Le terrain est foulé, par places, au point de ne plus laisser trace d'herbe. Des ceps de vigne sans feuilles rampent à terre comme des serpents écrasés. Au loin flottent les drapeaux rouges des ambulances.

Un air chargé semble peser sur ce champ de bataille. Les quatre maisons qui sont encore à l'entrée de Magenta, sans fenêtres, sont percées à jour par les boulets. Là, nous avons rencontré

(1) Les soldats ont pour habitude de briser les fusils des blessés.

un groupe d'officiers qui fumaient, et l'amical bonjour fut un salut triste et glacé... Nous continuons notre chemin sans parler, par un de ces soleils de plomb qui domptent les plus fermes. Sur les bords de la route deux amas de terre fraîchement remuée signalent des sépultures. Deux croix de bois les surmontaient. Sur l'une était écrit :

ICI REPOSENT DES FRANÇAIS

Et sur l'autre :

ICI REPOSENT 300 AUTRICHIENS

MELEGNANO

CINQ HEURES A MILAN

8 juin.

Nous sommes à l'entrée de Milan. Il est neuf heures du matin. Le Trésor stationne à la porte Romaine.

— *Milan ! 35 minutes d'arrêt !*

Celui qui a crié cela est un zouave. Je me suis retourné et j'ai lu sur son sac :

Mantoue — port payé.

J'ai donc quatre heures pour visiter Milan. On me pardonnera de négliger les détails; je copie mon *memento :*

De 9 à 10 heures. — Déjeuné sur le Cours, au café de l'Europe.

De 10 à 11 heures. — La cathédrale.

De 11 heures à midi 1/2. — Pris une voiture et circulé dans toute la ville, qui ressemble à Versailles. — Il y a dans les rues des commencements de barricades. — Drapeaux et tentures à toutes les fenêtres. — Cloches. — Flots de populaire. — Demandé l'heure à mon cocher, qui me répond que je suis son frère et son libérateur. Je trouve cette plaisanterie déplacée. — Arrêté un quart d'heure par une colonne d'infanterie. On se presse autour de ma voiture. — On jette des fleurs à la volée. Pourvu qu'on ne dételle pas le cheval. Je crains d'être porté en triomphe, et je dis que je n'ai couru aucun danger. — Encore une barricade qui me fait prendre un détour. — Je respire.

De midi 1/2 à 1 heure. — Pris une glace au café de l'Europe. Mauvais cigares.

De 1 à 2 heures. — Réfléchi que les bagages marchent lentement. — Deuxième visite à la cathédrale. — Adieu, Milan !

LA FERME DE SAN-MARTINO

J'ai trouvé nos fourgons, environ à une lieue et demie de Milan, sur la route qui conduit de la *porte Romaine* à *Melegnano*. L'artillerie s'avançait au pas sur deux rangs, et les bagages sur un troisième. De chaque côté, les soldats défilaient lentement, un à un. Ces cinq lignes de fourgons, de caissons, de bagages, de canons et de soldats soulevaient un tel torrent de poussière, qu'on voyait à peine devant soi.

La chaleur était mortelle. Je ne savais pas où nous allions. On faisait dix pas et on s'arrêtait un quart d'heure, pour laisser passer en avant l'artillerie et l'infanterie. Il était environ deux heures de l'après-midi. La poussière poudrait à blanc les cheveux, les cils et les moustaches des soldats, en leur donnant un air terrible. Les chevaux soufflaient bruyamment. Les hommes étaient accablés. De temps en temps, quelques-uns s'asseyaient sans mot dire sur le talus des fossés qui bordaient la route, ne pouvant aller plus loin, et regardaient défiler leurs camarades. J'en vis rouler deux ou trois.

Depuis quelques instants, la musique des régiments se plaçait derrière les bataillons dont le pas s'accélérait peu à peu. Les zouaves et les chasseurs à pied avaient déjà pris les devants. On marchait vite et en silence. Un commandant d'artillerie passa au galop en disant d'un ton sec : « *Faites monter les hommes sur les caissons, et au trot !* »

Les batteries s'ébranlèrent, et je les vis rouler au milieu du tourbillon de poussière qu'elles soulevaient. Un enfant de troupe d'une dizaine d'années, à califourchon sur un canon, me fit le salut militaire en riant.

Le trésor s'arrêta vers trois heures et demie. J'entendis le canon. Les soldats déchargeaient leurs armes et les rechargeaient pour être sûrs du premier coup de feu, quelquefois le seul qui précède la charge à la baïonnette. Je les vis courir au pas de course dans un chemin à droite de la route et disparaître. Les coups de canon cessèrent. Nous étions à peu près à une heure et demie de marche de Melegnano.

Les courriers de la poste, chargés de transporter des dépêches, reçurent l'ordre de rebrousser chemin ; un seul s'obstina à passer outre et ne reparut pas. J'appris un peu plus tard qu'il avait été fait prisonnier.

J'entrai dans la cuisine de la ferme, et je m'assis sous le manteau d'une vaste cheminée où flambait un feu clair, regardant cuire le dîner.

Vers six heures et demie, le combat était déjà vivement engagé.
Pendant le dîner, je m'endormis sur la table presque sans avoir mangé. Emilio me réveilla par ses éclats de voix. On lui disait qu'il n'y avait pas une seule chambre, pas même un grenier.

— Marche devant, je trouverai de la place, dit-il.

Il pleuvait à verse.

Quelques instants après, il revint et me conduisit dans un corps de bâtiment où il y avait trois grandes salles vides. Je me laissai aller dans un coin, sur un tas de maïs. Pendant ce temps-là, Emilio était allé offrir un abri à plusieurs officiers. Ce garçon-là aurait trouvé à manger sur un tas de cailloux.

LES MORTS

Melegnano, 9-10 juin.

Le lendemain, l'éternel *en route* m'arriva avec le premier rayon de soleil. On n'avait aucun détail; on savait seulement que les Autrichiens avaient été battus après avoir bien résisté. Nous marchions librement. La pluie avait abattu la poussière. La plaine, verte et humide, se déroulait au loin sous l'horizon, coupée de haies vives et de masses de verdure. La route était bordée d'arbres touffus, où chantaient des volées d'oiseaux. En entrant à *Melegnano*, après avoir dépassé le cimetière, dont les murs cachaient des amas de soldats, mes yeux tombèrent comme par hasard sur des cadavres.

C'était la première fois que je voyais des soldats morts sur un champ de bataille. Il y en avait derrière les haies, dans les champs, dans les rues, mêlés et confondus, couchés le long des maisons. Autour d'eux, de grosses mouches bourdonnaient au soleil et se posaient sur leurs blessures. Les uns étaient étendus, la face contre terre, les bras en croix ; plusieurs avaient la figure dans le ruisseau. D'autres, les mains jointes ou tendues, comme quelqu'un qui prie ou appelle au secours, avaient dû être tués roide, car on m'a dit qu'un homme frappé à mort garde la position qu'il avait en tombant. J'en ai vu un assis, le dos appuyé contre le mur, la tête reposant dans ses mains et les coudes sur ses genoux, comme un homme qui se cache la figure pour réfléchir ou pour pleurer. Je le regardais froidement, avec une obstination tenace, me sentant toutefois comme une vague faiblesse dans la poitrine.

Pour donner une idée très-exacte de l'impression reçue, je me servirai d'une comparaison triviale, mais qui rend bien ma pensée. On n'a qu'à se figurer des toiles de saltimbanques ou des images coloriées à un sou, représentant des batailles. Dans ces ébauches grossièrement dessinées, il y a une expression qu'on ne peut attribuer qu'à la naïve inexpérience du peintre. Mêmes positions forcées, mêmes attitudes ridicules. Tous ces corps, déjà rigides, paraissent difformes et contrefaits par la contraction des muscles et des nerfs. J'arrête ici le récit de mes impressions, qui sont profondes. Il y a de ces choses horribles, de ces blessures sans nom, qui font douter qu'on puisse ainsi mutiler une machine humaine. Cela est du ressort de la chirurgie et appartient au scalpel, non à la plume. Malgré cela, le spectacle d'un champ de bataille est moins émouvant que celui d'un homme qui meurt dans son lit, disputant sa vie à la mort. Pour le soldat, la mort est une des chances du métier; elle est prévue, et l'esprit en est moins frappé.

LE SERGENT ROI

Le lendemain, je passai l'après-midi à Milan. J'étais de retour pour dîner, vers sept heures. La salle de l'auberge était pleine. On m'avait gardé ma place, et je me trouvais assis en face d'un grand diable de six pieds, caporal de zouaves au 1er régiment, qui venait de passer sergent. Je lui demandai s'il espérait être décoré. « *Décoré ? exclama-t-il, un zouave décoré ? Il faut avoir été tué trois fois pour être décoré, chez nous.* » Il avait une de ces têtes larges et carrées, presque sans barbe, qui s'épanouissent si bien sur des épaules de taureau. Les veines de son cou nu étaient gonflées comme des cordes, et on aurait cru entendre ses poumons jouer dans sa poitrine comme des soufflets de forge. Je songeais au Porthos d'Alexandre Dumas. Nos yeux se rencontrèrent. Il avait la figure douce et fière, l'œil souriant et tranquille, la grâce et la placidité de la force. Je connaissais plusieurs officiers dans son régiment.

— C'est vous, me dit-il, qui avez conduit notre porte-drapeau à Milan?

— Il est à la *casa Archinto*, répondis-je, un des plus beaux palais de la ville. Sa blessure est légère; il marchera dans quinze jours.

Le sergent Roi — il s'appelait Roi — me tendit une main qui aurait couvert une assiette à poisson

Il m'apprit que les troupes étaient parties à quatre heures du matin, le jour du combat, après avoir mangé la soupe au café. Elles avaient marché ou stationné sac au dos, par une chaleur épouvantable, jusqu'à cinq heures du soir. Ici s'arrêtent les statistiques de la force humaine. Après être restés ainsi treize heures sur pied, avec une charge de 60 à 70 livres, chasseurs à pied, zouaves, fantassins avaient mis sac à terre pour prendre le pas de course. Vers six heures, ils entraient dans le village, sous le feu des canons qui enfilaient la route, et sous la fusillade qui partait de toutes les fenêtres, de toutes les lucarnes, de toutes les haies. A chaque coin de rue, les feux de peloton de l'infanterie autrichienne crachaient une grêle de balles. Le cimetière qui se trouve à l'entrée de Melegnano avait été enlevé. Il fallait emporter d'assaut, en traversant le village, le château qui se trouve sur une hauteur, à l'une de ses extrémités. A dix heures du soir, l'ennemi était chassé de toutes ses positions après une lutte acharnée. Ce fut une véritable guerre de rue, où chaque maison était une citadelle.

Les chirurgiens ont organisé les ambulances pendant le combat. Une cantinière, nommée *Sacquard*, a donné à boire aux soldats sous le feu.

A la suite de toutes ces énormes fatigues, les troupes reçurent au repos la pluie torrentielle qui n'avait cessé de tomber pendant toute la durée du combat.

« Mon régiment a perdu 600 hommes et 32 officiers tués ou blessés, ajouta-t-il (1). Nous nous

---

(1) D'après l'état numérique des officiers, sous-officiers et soldats tués, blessés ou disparus au combat de *Melegnano*, nos pertes s'élèvent à 943 hommes, sur lesquels le 1er zouaves seul est porté pour 612. (*Moniteur* du 19 juin 1859.)

sommes couchés dans l'eau, sans avoir le courage et la force de manger. Ce matin, on m'a dit que j'étais sergent. »

. . . .

« Le sergent Roi est mort, me dit un zouave quinze jours plus tard, le 24 juin, au moment où je mettais le pied sur la plate-forme de *Solferino*. »

Une balle l'avait atteint au front, entre les yeux.
Il avait eu la mort des lions.

LE PRESBYTÈRE

Segrate, 11 juin.

Nous nous sommes levés à trois heures du matin, et nous avons quitté *Melegnano* à cinq heures et demie. La chaleur ne nous accable pas. Nous marchons dans un chemin étroit, resserré entre deux petits cours d'eau où folâtrent des bandes de jeunes canards. De grands arbres plantés sur leurs rives forment un dôme de verdure au-dessus de nos têtes. Les émotions pénibles ont disparu. En campagne, on devient insouciant, quand on ne l'est pas. On entend murmurer des refrains perdus.

Nous ignorons même le nom du village où nous nous arrêterons. « *Quand on part, on arrive toujours, mais il faut partir.* » C'est un mot du maréchal Baraguey-d'Hilliers, qui est non-seulement un brave et habile chef d'armée, mais encore un homme de beaucoup d'esprit, si je m'en rapporte à tous les traits qu'on lui attribue. A tout hasard, il est certain qu'on stationnera quelque part et qu'on dormira bien.

Vers le milieu de la journée, nous nous sommes arrêtés à *Segrate*, petit village insignifiant, et on nous apprend que nous sommes logés au presbytère ; moyennant quoi, tout le monde se rend d'un commun accord à l'auberge. Il y a une auberge à *Segrate*.

Quand il s'agit de manger, Emilio trouve toujours deux choses au pis aller : des poules et des œufs. Les paysans ont un mot peu consolateur dont ils abusent beaucoup avec nous, c'est : « *Niente, signor.* » *Niente* veut dire rien, et *signor*, monsieur.

— *Niente, signor capitane, niente, mica galline.*
(Rien, seigneur capitaine, rien, pas une poule.)
— C'est convenu, répond Emilio, habitué à ces façons de parler.

Et il se promène dans la cour, *écoutant les bruits* comme un Indien. Ne vous inquiétez pas si vous entendez un grand remue-ménage et des piaillements quelque part. C'est votre déjeuner qu'on étrangle. Il est bien entendu que la France paye ses poules, comme sa gloire, et que si on les met à la broche d'autorité, on n'emploie pas la violence pour en faire accepter le prix. Bons paysans !

Dans la grande salle de l'auberge, nous attendons, les coudes sur la table, que la poule soit rôtie et l'omelette dorée. Givaudan, *fils des Sommets*, a rapporté du *fourgon fermé* quelques fioles cachetées, du riz, du saucisson, du fromage et d'excellent café, escorté de son moulin, plus une bouteille d'eau-de-vie.

— Emilio fait donner la réserve, les circonstances sont graves.
— Les cigares vont manquer, dit le payeur.
— Le tabac français s'épuise, dit Emilio, les courriers nous oublient.

Au moment où nous commencions à faire honneur au déjeuner, arriva le médecin en chef du 1er corps, le docteur C***.

— Docteur, voici une place, lui dit notre payeur.

Le docteur s'assit.

Un des bonheurs de la campagne, c'est de se trouver à table. Il n'y a guère d'étrangers pour des gens qui voyagent ensemble, vivent sous le même toit et parlent la même langue. Dans la multitude des connaissances nouvelles, les rapports s'établissent, les relations se nouent, les amitiés s'ébauchent. Vous retrouverez votre voisin de droite au café du Helder, et votre voisin de gauche sera tué demain, mais personne n'y songe.

La conversation s'engage. On cause de Paris, où l'on s'occupe beaucoup plus de la guerre qu'ici. Par parenthèse, nous savons peu de chose de ce qui se passe dans l'ensemble des opérations, et nous apprenons les nouvelles par les journaux.

C'était la première fois que je me trouvais avec le docteur C***, physionomie intéressante qui m'arrête au passage.

Je vis un homme d'une quarantaine d'années. Sa figure, entièrement rasée, aux lignes nettes et rigides, respirait une énergie singulière. On voyait, dans l'éclat sec et clair d'un œil gris et ferme, qu'habitué à se trouver en face de la mort, il ne devait pas la craindre. Sur ce masque carré, taillé à angles droits, très-expressif sous une immobilité presque marmoréenne, on lisait cette tranquille et universelle bienveillance que donnent l'étude et les désenchantements des plaies physiques et morales de l'humanité. Une rosette d'officier de la Légion d'honneur se détachait en rouge sur son uniforme. Quand il parla, je fus frappé du timbre métallique de sa voix. On eût dit qu'elle arrivait aux oreilles à travers un tube de bronze; elle en avait la sonorité pleine et la vibration pénétrante. Il causa longtemps et sur toutes sortes de sujets, sans que personne songeât à l'interrompre. Il raconta des choses terribles et gaies, sans changer les intonations de sa parole brève, grave et scandée.

Cette froideur apparente me fit songer, par association d'idées, à la sécheresse émouvante du style de Prosper Mérimée. Je voudrais pouvoir noter ici toutes les nuances de cette conversation, dans laquelle l'érudition du savant se mêlait à l'épigramme du causeur, et où la philosophie coudoyait familièrement l'anecdote. Mais il y a un proverbe d'ici qui dit : *Traduttore, tradittore*. Et j'aime mieux ne rien dire.

PARENTHÈSE

Des lecteurs malintentionnés trouveront peut-être qu'on passe bien du temps à table dans le récit. Je répondrai à cela qu'on mange tous les jours, et qu'il y a beaucoup de façons de s'acquitter de cette importante fonction.

A tout prendre, il vaut encore mieux lire mes déjeuners que de les manger. Et puis, j'ai aussi mon amour-propre d'auteur. On remarquera que je cherche à les varier autant que possible, et ce n'est pas aussi facile qu'on pourrait le penser, avec une cuisine aussi monotone que la nôtre, où il faut en revenir aux éléments premiers.

Les vivres sont distribués par les intendants militaires, soit pour un, soit pour plusieurs jours, selon les circonstances et l'arrivée des transports. Chaque soldat ou sous-officier a droit à une ration; les officiers en reçoivent plusieurs, proportionnellement à l'élévation de leur grade. On touche les vivres au moyen de bons.

BON POUR UNE RATION :

Pain	750 gr.
Viande	300
Riz	60
Sel	16
Sucre	21
Café	16

Quelquefois on distribue du vin ou de l'eau-de-vie.

Je prie donc le lecteur de me pardonner ces répétitions : *Manger* est un mot grave, comme je l'ai déjà dit, et c'est la question la plus importante de la campagne. Courage, discipline, patriotisme et victoire ! Il faut manger.

En sortant de l'auberge, on regagna le presbytère où nous attendait notre hôte. C'était un jeune vicaire au visage doux et intelligent. Sa maison, située à deux pas de l'église, était simple et confortable. C'est ainsi que j'aime les curés et les maisons de curés. Il nous reçut avec plaisir et courtoisie. On reprit du café pour la seconde fois. On causa peut-être politique, mais c'était en italien, et l'italien ressemble assez au latin pour qu'on puisse un peu y braver l'honnêteté.

J'avais entrevu un jardin, et je profitai d'une *tempête dans un verre d'eau* pour aller y fumer un cigare. Après la discussion, l'abbé me conduisit dans une chambre ornée d'une petite bibliothèque et d'un lit blanc comme une chapelle. L'hésitation n'était pas permise, et sans mon ordonnance, qui vint me réveiller vers six heures, je donnais raison au proverbe : *Qui dort dîne.* Il faut dire que nous dormons de façon royale, comme il convient à des gens qui se lèvent généralement à des heures indéterminées, et qui n'ont pas tous les jours un oreiller à se mettre sous la tête.

Le lendemain, à trois heures du matin, on était sur pied, et après avoir bu un bol de café noir, on remonta à cheval pour se rendre à *Melzo*.

UNE LETTRE PARISIENNE

Melzo, 12 juin.

> « Plaine vaste, triste et monotone, la Lombardie contraste avec l'ardeur vive, fière, presque française de sa population et les souvenirs orageux de son histoire ; et cette contrée, sans pittoresque, sans physionomie, ressemble moins à ses habitants qu'à ses lourds dominateurs. »
>
> VALÉRY.

Il y a des airs d'opéra que les orgues de Barbarie m'ont fait prendre en grippe, et du train dont vont les choses, je vouerai à la belle nature une de ces haines vigoureuses dont parle Alceste. La plaine, toujours la plaine, la plaine verte aux horizons perdus. Moi qui suis né au fond d'un entonnoir de montagnes franc-comtoises, sur les frontières de la Suisse, je donne au diable les faiseurs de grandes phrases qui me parlent des plaines fertiles de la Lombardie. Des mûriers, des rizières et du maïs ; du maïs, des mûriers et des rizières ; cela est bon dans un traité d'agriculture et très-convenable pour faire égorger deux cent mille hommes, mais avec 35 ou 40 degrés de chaleur et dans un nuage de poussière, j'y voudrais voir mon professeur de cinquième, qui nous dictait ce thème :

« *Qu'elle est belle cette nature cultivée par la main de l'homme!* » Oui, parlons-en.

Je donnerais vingt francs pour voir un mur d'octroi.

C'est à *Melzo*, horrible village, que j'ai reçu une lettre de Paris dont j'extrais ce curieux passage :

« ... Votre *promenade en Italie* est une véritable *campagne d'artiste*, mais vous ne me parlez dans vos lettres ni des musées, ni des bibliothèques, ni des batailles, etc. »

J'ai répondu :

« Monsieur, vous qui lisez la *Patrie* les pieds dans vos pantoufles, vous savez que notre promenade en Italie se fait au pas de course, et cette campagne d'artiste est égayée par des plaines à perte de vue, de mauvais vin, des poules maigres, de la poussière, du soleil, des cigales, du pain de munition, et des lits à l'abri de toute invasion, bien gardés qu'ils sont par tous les insectes que la main du Créateur a semés à foison dans cette bienheureuse contrée.

« Où voyez-vous des bibliothèques? Où prenez-vous des musées? Quelque chose d'intéressant à visiter serait une succursale de la maison Potel et Chabot. Voilà ce qu'il faudrait voir et ce qui serait exploré !

« Vous êtes un Parisien. Si on dressait des tentes dans la plaine Saint-Denis, vous payeriez 20 fr. pour passer une nuit au *camp* et goûter à la cuisine du soldat, mais vous verriez combien de jours cela durerait. Des batailles, par exemple, il y en a ici, mais elles n'y sont plus. On les a mises dans le *Moniteur*, où vous pouvez les voir. »

LES VILLAGES

En Lombardie, les villages ont un aspect sale et misérable qui étonne dans un pays qui a le privilége et la réputation d'être un des plus fertiles du monde. On y trouve cependant la tendance nationale pour la décoration extérieure et intérieure des maisons.

Il n'est pas non plus un hameau de trois maisons qui n'ait son église flanquée de sa haute tour carrée, et généralement très-bien entretenue. La *polenta,* espèce de pâte jaune pétrie avec de la farine de maïs, est la base de la nourriture. Le pain est exécrable. Il y a certaines villes d'Italie dans lesquelles les coutumes se sont transmises, où les plus riches citoyens font servir la *polenta* sur leur table, par respect pour la tradition du mets national. J'en ai goûté chez les paysans ; c'est assez mauvais, et pour en faire un plat passable, il en coûte fort cher.

Les habitants mettent une sorte de luxe dans

leurs lits, ordinairement sales, malpropres comme eux, et larges à contenir une famille. Je ne leur ferais pas un reproche d'aimer les bons lits, s'ils étaient bons, mais on n'y dort pas. Ce meuble est en grand honneur en Franche-Comté, et j'y ai souvent entendu dire à ma grand'mère qu'il n'en coûtait guère pour passer agréablement un tiers de son existence.

J'arrive aux paysans.

LES PAYSANS

Le paysan, lui, ne comprend qu'une chose, faire la moisson et vivre. Pour lui, toute révolution en faveur de la tyrannie ou de la liberté n'est qu'un changement d'état. L'ignorance est comme l'esclavage, elle retire à l'homme la moitié de son âme.

Si, dans toutes les contrées, le paysan est l'ennemi né de la guerre, que doit être celui de la Lombardie qui, depuis tant de siècles, sert de champ de bataille à l'Europe?

Il voyait hier l'Autrichien, qui se croit encore sur ses terres, lui enlever, par droit de guerre, le peu qu'il possède.

Cela s'appelle la *réquisition*. On lui a pris ses provisions, sa charrette, son mulet, ses vaches maigres. On a emmené ses fils taciturnes pour défendre une cause à lui inconnue.

Aujourd'hui, ce sont les troupes piémontaises, demain Garibaldi avec ses volontaires, après-demain l'armée française. Cinq cent mille hommes passent ainsi devant ses yeux comme la chasse infernale de la ballade allemande. Si vous lui parlez de défaites ou de victoires, il vous répondra que son champ est votre champ de bataille, et que chaque pas d'une armée, amie ou ennemie, ravage une moisson.

Il faut aussi tenir compte de la durée de la domination autrichienne, des amitiés, des alliances et de l'habitude d'une administration despotique, mais régulière.

Toutes ces causes réunies suffisent pour expliquer le silence ou l'indifférence; aussi, quand je rencontre un de ces paysans aux reins courbés, aux mains ridées, au visage brûlé par le soleil, drapé dans sa veste de toile brune et sale qui pend à son épaule, je le prends en pitié et je passe mon chemin.

ÉTAPE HUMORISTIQUE

UN DINER A CASSANO

13 juin.

Nous avons quitté *Melzo* dans l'après-midi. Vers quatre heures du soir, on stationna sur la route, le pont de bateaux sur lequel nous devons franchir l'Adda n'étant pas libre. Je me mis en quête de l'Intendance.

Il est bon de dire ici que l'intendant avait fait l'acquisition d'une petite voiture jaune, construite sur le modèle des anciens coucous. Le dernier coucou est à Versailles, où il fait encore la route de Paris. Il s'appelle : *le coucou obstiné*, et il a autrefois intenté un procès à Albéric Second pour en avoir parlé irrespectueusement. Celui de l'intendance est plus pacifique. L'intérieur, disposé comme nos *omnibus*, peut contenir six personnes, et le coupé deux, sans compter le conducteur.

Dans ce véhicule étrange, voyageant avec les bagages du maréchal, de l'état-major, de l'ambulance et du trésor, s'entassent *il signor Setti*, interprète au 1er corps, et les secrétaires de l'intendant.

Je m'approchai de l'*omnibus*.

— Savez-vous où nous allons? dis-je en passant la tête à travers la portière qui donnait accès dans la voiture.

— Tiens! c'est vous? Bonjour! Nous allons à Treviglio, me répondit l'interprète.

— Qu'est-ce que Treviglio?

— Très-jolie petite ville, 10,000 habitants.

— Voilà tout?

— Mon Dieu, oui.

—Ah ça! vous avez donc le *duc de Bobio* avec vous, maintenant?

Celui que nous appelions le *duc de Bobio* releva la tête. C'était un jeune homme de vingt-trois ans, à la figure basanée, et qui commençait à prendre du ventre. Il était attaché à l'ambulance; on l'avait surnommé le duc de Bobio parce qu'il se trouvait à Bobio pendant le combat de Magenta.

— Il faut bien manger, me dit-il d'un air mélancolique en me montrant un morceau de pain et de fromage qu'il venait d'entamer.

— En voulez-vous? dirent plusieurs voix.
— Certainement.

Un bras passa à travers la portière ; au bout du bras était une main qui tenait une bouteille.
Je bus à grands traits.

— Soleil et poussière ! dis-je en rendant la fiole à moitié vide ; passez-moi des vivres.
— Ne mangez pas trop, me dit l'interprète. Nous passerons à *Cassano*, où vous pourrez dîner.
— Où prenez-vous *Cassano* ?
— C'est une petite ville sur les bords de l'Adda.
— Alors il y a des *albergo ;* est-ce loin ?
— Deux kilomètres.
— Deux kilomètres ! Nous sommes ici au moins

pour deux heures... d'ailleurs notre convoi traversera la ville... qui est-ce qui vient?

— Moi, dit Bobio en déposant son pain et son fromage... Mais...

— Quoi?

— Jamais nos chevaux ne passeront à travers cet encombrement de bagages.

— Avez-vous peur de faire deux kilomètres à pied?

— Moi! J'ai fait trois fois le tour de la France.

— En route!!!

Nous voilà partis, le cœur léger, l'estomac vide.

— La Garde doit être à Cassano, et je crois que deux corps d'armée y ont passé ce matin, murmura le duc de Bobio en s'arrêtant d'un air consterné.

Cette observation me rappela le passage des sauterelles dont parle l'Écriture.

— C'est égal, duc, avec des flots d'or et des uniformes d'officiers, nous trouverons à dîner. Prenons des cannes.

— Pour quoi faire ?
— Pour marcher et taper sur les mulets qui entravent la route.
— Marchons.

Au bout d'une demi-heure, nous pénétrions dans la cuisine d'un vaste albergo, qui doit nécessairement s'appeler des *Trois Rois*, du *Raisin doré* ou des *Deux Tours*. Si c'était en France, ce serait l'auberge du *Lion-d'Or* ou du *Cheval blanc*.

Tout était ravagé. Les cuisiniers sur les dents se soutenaient à peine devant leurs fourneaux qui s'éteignaient. L'hôte, vêtu du costume blanc traditionnel, sommeillait dans un coin.

— Duc de Bobio, dis-je, ce tavernier doit avoir gagné aujourd'hui des montagnes d'argent. Ce ne peut être un méchant homme. Les Français payent largement. Voyez comme il dort bien.

Je lui frappai sur l'épaule :
— Nous sommes deux officiers, nous mourons de faim.

— Êtes-vous heureux de savoir l'italien! me dit Bobio.

— *Niente, signor, niente!* gémit l'hôtelier.

— *Niente?* connu! Nous payerons double.

— *Niente, signor capitane!*

— Voyez-vous, duc de Bobio, comme l'inflexion de sa voix est moins rude. Il s'amollit... Hé! nous payerons ce que tu voudras... donne-nous seulement du pain et du vin.

— *Bianco o rosso?*

— Blanc ou rouge... du meilleur.

— *Benissimo, signor.*

On nous apporta un potage. Je me levai de table, et je complimentai le cuisinier en lui donnant une poignée de main.

— Vous êtes nos frères et nos libérateurs, me dit cet honnête homme, à qui je venais de glisser 50 centimes.

Le café pris, les cigares allumés, nous rejoignîmes nos camarades qui nous attendaient. La nuit était venue. La soirée était fraîche et tranquille. J'avais encore dans l'oreille la dernière note de la symphonie des casseroles. Nous paraissions heureux d'être venus au monde.

— Avez-vous bien dîné? interrogea Setti.
— Largement. Quatre plat set quatre bouteilles de vin.
— Combien?
— Trois francs par tête.
— Le cuisinier est son ami de collége, dit le duc de Bobio, qui venait de rentrer dans l'omnibus, dont il occupait une banquette dans une attitude nonchalante.
— Si j'avais su!... dit une voix. Trois francs, ce n'est pas cher.

L'ADDA

Vers neuf heures du soir, nous avons traversé *Cassano* sans nous y arrêter. Arrivés au bas de la ville, illuminée pour l'arrivée de l'empereur, les voitures s'engagèrent une à une sur le pont de bateaux. L'ennemi avait fait sauter la moitié du pont de pierre, dont les deux extrémités.

sans appui, s'étaient abattues dans l'eau d'une seule pièce. Nous apercevions derrière nous la ville sur une hauteur, et les mille lueurs des illuminations faisaient ressortir le fond de ses hautes murailles, qui se détachaient en noir sur un ciel pur. La lune projetait sa lumière bleue sur les flots du courant, dont la rapidité extraordinaire était encore accrue par des écluses qu'on entendait mugir dans le lointain.

La rivière, divisée par des îles, serpente entre deux plaines. Ce spectacle nocturne m'a laissé une grande impression.

Vers onze heures du soir, nous avons traversé le Camp des zouaves, qui font la soupe au café. Avec leur front rasé, leurs figures brûlées, leur costume pittoresque, accroupis autour des feux du bivac qui les éclairent de leurs reflets rougeâtres, debout à côté des faisceaux étincelants, couchés sous leurs tentes triangulaires, on eût dit à les voir des groupes de démons fantastiques, une horde de Bohémiens, un rêve d'Hoffmann traduit par le crayon de Salvator Rosa, spectacle étrange et rare au sein de cette nuit favorisée.

TREVIGLIO

13 juin.

Vers une heure du matin nous entrons dans la ville.

Cassano avait été le *passage* de deux corps d'armée. Treviglio fut une *halte*. Je laisse aux estomacs vides le soin de tirer une conclusion logique et de sentir la nuance délicate des mots : « *Halte et passage* » au point de vue de l'alimentation.

La ville dormait. On nous guida à travers des rues, une porte s'ouvrit. Givaudan nous attendait, une lanterne à la main, et nous conduisit à nos chambres, au premier étage.

J'avais celle du maître de la maison, une vraie chambre italienne, aux murailles peintes en bleu de ciel, avec une grande rosace blanche et flamboyante au milieu d'un plafond cintré, et dallée de losanges noirs et blancs, dissimulés çà et là par des nattes multicolores. Sur une large cheminée de marbre noir, soutenue par deux petites cariatides, s'élevait une pendule de vieux bronze florentin, flanquée de deux coupes ciselées et de deux candélabres. Un grand bahut de chêne, formant étagère, incrusté d'or, d'argent, de nacre et d'écaille, occupait l'espace laissé vide entre deux hautes fenêtres à rideaux, donnant sur un grand jardin. Une cuvette de porcelaine peinte et son pot-à-l'eau, supportant une serviette grise damassée à franges effilées, reposaient sur un trépied d'ébène. Le meuble le plus intéressant était un lit large, élastique, frais et coquet comme un lit de mariée, et recouvert dans toute son étendue d'une grande courtine de satin bleu, sur laquelle couraient les arabesques folles d'une dentelle vénitienne. Au milieu de la chambre était un guéridon en mosaïque, et, dans les angles, quatre fauteuils de satin bleu à pieds dorés, dans le style des ameublements Louis XV, semblaient m'ouvrir leurs bras hospitaliers.

Je jetai un coup d'œil à deux jolis paysages à l'huile suspendus au mur qui faisait face au lit.

UN MOT SUR LA PEINTURE

> « Là, c'est Madeleine en peinture,
> « Pieds nus, qui lit ;
> « Vénus rit sous la couverture
> « Au pied du lit. »
> « A de Musset. »

Parmi tous les tableaux que j'ai eu l'occasion de voir dans les habitations particulières, les sujets amoureux et religieux sont en grand nombre, et presque tous très-médiocres. C'est une des conséquences du faux goût de l'art italien, en grande décadence, et qui s'étale jusque dans les palais à côté des chefs-d'œuvre des maîtres.

Mais le point sur lequel porte l'observation qui va suivre repose sur trois mots notés dans mon memento :

« *Tableaux amoureux mystiques.* »

Dans les extases de leurs saints, dans les adorations de leurs vierges, et jusque dans les plaies sanglantes de leurs martyrs, il y a comme un indéfinissable mélange d'aspirations mystiques et voluptueuses. C'est que l'amour perce jusque dans les idées religieuses de cette terre ardente et féconde, plus superstitieuse que dévote, et où le culte de la Madone est universel. La Madone, pour les Italiens, est l'intermédiaire entre le coupable et son juge, la mère toute-puissante aux pardons sans bornes, et pour dire plus vrai, la *femme* divinisée par l'enfantement d'un Dieu.

MÉMORABLE ENTRETIEN AVEC GIVAUDAN
FILS DES SOMMETS

« Ne-ne »

Emilio entra. Il fallait traverser ma chambre pour entrer dans la sienne.

— On part demain à midi. Je suis éreinté. Bonsoir !
— Bonsoir !

Quand j'ouvris les yeux, le soleil entrait à flots dans ma belle chambre bleue, et miroitait sur les meubles à travers les rideaux de mousseline.

Je poussai un soupir de regret à la vue de tous ces jolis meubles que j'allais quitter, comme si je les avais connus depuis quinze ans. Je me frottai les yeux. Près de moi pendait un cordon de sonnette à gland d'argent. J'allongeai le bras, puis je me levai pour aller ouvrir ma fenêtre et je me remis au lit.

Quelques minutes après, je vis entrer Laurent, mon ordonnance, son képy d'une main, mes bottes de l'autre.

— Quelle heure est-il?
— Six heures, monsieur.
— Six heures!
— Oui, monsieur; voulez-vous prendre du café avant le déjeuner?
— Oui.

Je me levai. Au moment où j'achevais de m'habiller, Givaudan fit une entrée solennelle, un plateau dans les mains, supportant un service complet.

— Monsieur, *ne* voilà *ne* le café.

J'ai oublié de vous dire que Givaudan a l'habitude de mettre « *ne ne* » devant les mots les plus importants du discours.

J'avais une grande sympathie pour Givaudan. Il savait que j'aimais à prendre une tasse de café au saut du lit, et quelque temps qu'il fît, en quelque endroit que ce fût, ville, camp ou village, il ne manquait jamais à l'accomplissement de ce premier devoir.

— *Ne* voilà le café, avait dit Givaudan ; je *ne* n'ai pas apporté plus tôt, pour ne pas *ne* vous réveiller.
— Où sommes-nous ici, Givaudan?

Il sourit d'un air fin que je ne lui connaissais pas.

— Passez-moi donc mon tabac et mon papier à cigarettes. Allumez une de ces bougies...
— *Ne* voilà, monsieur.
— Bien... Fumez une cigarette, mon ami ; le tabac italien ne vaut pas des feuilles de noyer... c'est du tabac français celui-ci.

Givaudan alluma une cigarette. Je lui donnais ses franchises. Il s'assit.

— A quelle heure déjeunons-nous?
— *N'a* huit heures. Nous *n*'avons une grande cuisine, *n*'une belle salle à manger, *n*'avec des nappes, des serviettes, *n*'avec des assiettes en faïence, *ne* des tasses à café vertes, et des cuillers en *n*'argent.

Givaudan prononçait : « *cueillers.* »
Après l'énumération de ces splendeurs, il sourit pour la seconde fois.

— Pourquoi riez-vous, Givaudan?
— Je *ne* ris, parce que *ne n*'y a des demoiselles dans la maison.
— Ah! et vous les avez vues?
— Je *ne n*'ai regardé.

— Givaudan, lui dis-je froidement en mesurant mes paroles, oubliez-vous que nous sommes chez un peuple ami, et non en pays conquis?
— Non, monsieur, répondit-il ébranlé.

— Que ces gens-là nous appellent leurs frères et leurs libérateurs?

— Oui, monsieur.

— Et que chercher à jeter le trouble et le désordre dans les maisons où on nous laisse les maîtres serait indigne d'un Français?

— *Ne* oui, monsieur, répondit-il avec un geste de protestation.

— Auriez-vous, par hasard, cherché à séduire la bonne?

— Je *ne* n'ai rien dit à la bonne.

— C'est qu'un malheur est bientôt fait.

— Mais, monsieur, je *ne* n'ai rien dit.

— C'est différent; d'ailleurs, je vous crois incapable de laisser un malheur derrière nos aigles. Vous disiez donc qu'il y avait des demoiselles dans la maison?

— Oui, monsieur, *ne* trois.

— Procédons avec ordre : l'aînée?

— *N*'elle *n*'a l'air d'une dame.

— La cadette?

— *Ne n*'est bien aimable, monsieur; elle *ne* m'a aidé à mettre le couvert, et *ne* m'a appris à faire les omelettes *n*'au saucisson.

— Profitez de ses avis, Givaudan. Et la plus jeune ?

— Celle-là *ne n*'est grande et *n*'elle rit toujours.

— Sont-elles brunes ou blondes ?

— *Ne* brunes, monsieur.

— Et que préférez-vous, les brunes ou les blondes ?

— Les *ne* blondes.

— Pourquoi ?

— Je *ne* ne sais pas.

— Avez-vous aimé, Givaudan ?

— Oui, monsieur.

— Dans les Hautes-Alpes ?

— Oui, monsieur.

— Une fille des sommets ?

— Oui, monsieur, je *ne n*'allais l'hiver à la veillée, nous *ne* nous aimons.

— Et que recherchez-vous dans une femme ? Est-ce le côté plastique ou l'idéal, la ligne pure et reposée des vierges, ou la grâce onduleuse des sirènes ?

Givaudan, assis sur le coin d'un fauteuil, faillit perdre l'équilibre.

Nouveaux rires. Elle continua :

— Et où les mettiez-vous, vos vers à soie?

— Dans mon pupitre, mademoiselle. Quand ils sortaient de l'œuf, je les nourrissais avec des feuilles de laitue. Un peu plus tard, jugeant leur estomac plus solide, je les mettais au régime du mûrier; de cette façon-là, j'en avais à peu près cinq sur quarante qui filaient.

— Et les autres?

— Morts.

Le *Morts* produisit son effet; sa bouche dessina une moue charmante.

— Pauvres bêtes!... Mais morts comment?

— De beaucoup de manières; d'abord, je ne connaissais que deux mûriers à Versailles, où j'étais au lycée, classe de quatrième. J'avais trente sous de menus plaisirs par semaine, que je dépensais en tabac et en romans loués au cabinet de lecture. Cela vous fait rire?

— Oui, continuez.

— Donc, mes revenus ne me permettaient pas d'acheter du mûrier chez les herboristes. Les deux mûriers que je connaissais étaient à une bonne distance de la ville, sur la route de Saint-Germain, en sortant de Trianon par la porte Saint-Antoine. Je ne pouvais pas y aller tous les jours, à cause du mauvais temps et des camarades. J'avais bien un gros dictionnaire *grec-français*, que je trempais dans l'eau, et dans lequel je conservais des feuilles fraîches entre les pages humides; mais vous savez que ces animaux-là mangent le jour et la nuit. D'un autre côté, quand ils étaient arrivés à une certaine taille, leur consommation devenait effrayante. C'étaient des courses. Mais, hélas! mademoiselle, je ne pouvais pas me faire suivre par mes vers à soie.

J'avais déjà fort à faire de dissimuler leur existence dans mon pupitre, et les jours de congé, les malheureux attendaient en vain leur nourriture. Les moins robustes tombaient malades.

— Et que faisiez-vous?

— Je trempais mon doigt dans l'encre, et je leur en étalais une large couche sur le dos.

— *Santa Madona!*

qui donnent un air enfantin aux jeunes filles, et la bouche toujours ouverte pour un éclat de rire.

La sœur cadette s'occupait alors à trier par nuances des cocons de vers à soie dans une corbeille d'osier. C'est le cas de dire, en parlant de la Lombardie : « *Aimez-vous les vers à soie?* » Près de Novare, nous avons couché avec des vers à soie. A Voghera, Givaudan en a écrasé quelques-uns par mégarde, dont trois furent découverts plus tard sur le collet de sa veste.

Je me trouvais dans une petite salle vitrée au rez-de-chaussée, donnant sur le jardin. Je saluai les deux jeunes filles. Elles me montrèrent un siége et me prièrent de fumer, si j'en avais l'habitude.

J'allumai un cigare. Elles parlaient assez purement le français, et paraissaient enchantées de mes barbarismes italiens. J'avais eu le malheur de causer dans l'escalier.

La plus jeune, qui s'appelait Francina, voyant que je considérais les cocons avec attention, en prit quatre de nuances différentes, un vert pâle, un blanc, un jaune d'or, le quatrième d'un jaune orangé mat, et les mit dans ma main.

— S'il y avait des cocons rouges, lui dis-je, on pourrait, avec le vert et le blanc, former les couleurs du drapeau sarde.
— Il y a des cocons rouges, me dit-elle en souriant; on les obtient en nourrissant les vers à soie avec de petites feuilles de vigne.
— Si les vers à soie ne se plaignent pas de ce régime, mademoiselle, je n'y vois pas d'inconvénient.

Elle me donna ensuite quelques détails sur cette industrie. Tout est intéressant dit par une bouche fraîche et rose.

Quand elle eut fini de parler, je lui racontai qu'au collége, je me livrais à la culture du ver à soie *sur une petite échelle*.
— *Sur une petite échelle!* exclama-t-elle en éclatant de rire.
Les étrangers saisissent très-bien ces doubles sens de notre langue.

Nouveaux rires. Elle continua :

— Et où les mettiez-vous, vos vers à soie?

— Dans mon pupitre, mademoiselle. Quand ils sortaient de l'œuf, je les nourrissais avec des feuilles de laitue. Un peu plus tard, jugeant leur estomac plus solide, je les mettais au régime du mûrier; de cette façon-là, j'en avais à peu près cinq sur quarante qui filaient.

— Et les autres?

— Morts.

Le *Morts* produisit son effet; sa bouche dessina une moue charmante.

— Pauvres bêtes!... Mais morts comment?

— De beaucoup de manières; d'abord, je ne connaissais que deux mûriers à Versailles, où j'étais au lycée, classe de quatrième. J'avais trente sous de menus plaisirs par semaine, que je dépensais en tabac et en romans loués au cabinet de lecture. Cela vous fait rire?

— Oui, continuez.

— Donc, mes revenus ne me permettaient pas d'acheter du mûrier chez les herboristes. Les deux mûriers que je connaissais étaient à une bonne distance de la ville, sur la route de Saint-Germain, en sortant de Trianon par la porte Saint-Antoine. Je ne pouvais pas y aller tous les jours, à cause du mauvais temps et des camarades. J'avais bien un gros dictionnaire *grec-français*, que je trempais dans l'eau, et dans lequel je conservais des feuilles fraîches entre les pages humides; mais vous savez que ces animaux-là mangent le jour et la nuit. D'un autre côté, quand ils étaient arrivés à une certaine taille, leur consommation devenait effrayante. C'étaient des courses. Mais, hélas! mademoiselle, je ne pouvais pas me faire suivre par mes vers à soie.

J'avais déjà fort à faire de dissimuler leur existence dans mon pupitre, et les jours de congé, les malheureux attendaient en vain leur nourriture. Les moins robustes tombaient malades.

— Et que faisiez-vous?

— Je trempais mon doigt dans l'encre, et je leur en étalais une large couche sur le dos.

— *Santa Madona!*

A ce *Santa Madona*, qui couronnait si bien la phrase, le fou-rire nous prit.

J'eus beau jurer, *per Baccho*, que mes camarades employaient ce remède contre toutes les maladies de leurs nourrissons, le fou rire alla son train.

— Et ceux qui filaient, comment filaient-ils? ajouta-t-elle quand l'accès fut passé.

— Ils filaient de bien maigres cocons, je vous assure. Quand j'en voyais un faire tête droite et tête gauche dans un coin, laissant un fil de bourre errer mélancoliquement en zigzag, je l'intercalais délicatement dans un cornet de papier, et je l'abandonnais à son travail.

. . . .

Givaudan s'approcha d'un air timide pour annoncer que le déjeuner était servi.

Tout dénotait une main exercée et une savante ordonnance. Le café était exquis. En sortant de table, tout le monde était de bonne humeur. On se promena dans le jardin, où les conversations se renouèrent. A midi, dernière limite fixée pour le départ, vinrent les adieux.

Je puis le dire ici, au nom de mes camarades du quartier général, partout où le Trésor a passé, il a laissé des regrets et des amitiés. Nous l'avons vu à la réception de nos premiers hôtes, quand il nous est arrivé de repasser dans les mêmes endroits.

J'ai poussé un soupir en quittant cette habitation où j'avais une si jolie chambre, et après les adieux et les souhaits de retour, je me retournai plusieurs fois pour revoir les visages amis et les doux sourires des jeunes sœurs.

La rue tournait, tout disparut.

LES CIGALES

Je le disais bien, moi, que les villes étaient devant nous, et que les grands chemins mènent aux grandes cités. J'en suis arrivé à une certaine philosophie à l'endroit des villages : je les considère comme des bornes kilométriques. Un village est un temps d'arrêt, un pas de plus vers quelque ville que je ne connais pas.

A propos, vous ai-je parlé des cigales? Ce serait assurément un beau travail de statistique à faire que de calculer le nombre d'exécutants nécessaires pour arriver à produire le charivari qui me sonne encore dans la tête. Supposez une troupe de dix mille gamins avec des trompettes d'un sou, des crécelles, des sifflets et des mirlitons. Non, jamais tintamarre aussi enragé n'est arrivé aux honnêtes oreilles d'un voyageur, que celui de ces damnés insectes. C'est qu'on ne les voit pas; cela se perche sur les mûriers, et c'est par la vibration de leurs ailes et deux trous percés dans leurs flancs que le bruit doit se faire.

Pendant un moment d'arrêt, Godin, qui était descendu de cheval, s'empara d'une de ces piaillardes au moyen de son képy, lancé en guise de projectile. Je la pris entre l'index et le pouce, et je fis la réflexion que cette odieuse bête, multipliée par cent mille, faisait plus de bruit qu'une assemblée de vingt-cinq femmes.

A quoi pensait donc La Fontaine quand il écrivait :

> La cigale ayant chanté
> Tout l'été ?

Chanté me semble peu énergique; mais il n'en a sans doute entendu qu'une à la fois.

MOZZANICA

14 et 15 juin.

Pour aller à *Mozzanica*, la route est charmante. Avant d'y arriver, nous avons passé par un joli petit endroit, traversé par un ruisseau. Là, comme dans beaucoup de villages, les femmes portent dans les cheveux de grandes épingles, terminées par des boules en acier poli ou en argent, grosses comme des billes, et dont l'arrangement symétrique ressemble au demi-cercle d'un peigne élevé. Un peu plus haut que la nuque, passe une tringle de métal, terminée à chaque extrémité par deux énormes olives qui font l'effet de deux cuillers passées dans les cheveux et présentant leur surface convexe. Cette coiffure est originale et sied aux femmes. J'ai vu aussi des bœufs dont les cornes étaient ornées de boules d'acier. Les hommes n'en portent pas, sans doute pour ne pas offrir un terme de comparaison.

Je vous jure que *Mozzanica* est un trou infect. Nous y avons passé deux jours sous une espèce de hangar. Une petite route, plantée d'arbres, m'a paru jolie quand je l'ai prise pour m'en aller.

C'est précisément là que j'ai aperçu, en arrivant, une dame d'un certain âge, vêtue à la française. Imaginez comment : elle portait un chapeau figurant la capote d'un cabriolet, une robe de soie jaune, véritable fourreau, la ceinture sous les bras, et les manches à gigots. Tout cela avait dû assister au passage de la première campagne d'Italie. Une caricature très-sérieuse, je vous assure. Eh bien! elle m'a fait plaisir à voir.

La bonne histoire aussi que nous a racontée le capitaine M...!

Le capitaine M... a un artilleur pour ordonnance. En arrivant à Mozzanica, où il venait de toucher cinq jours de vivres, l'artilleur fait tout cuire, se bourre comme un canon rayé, et, ce repas terminé, digère à la façon des boas. Il digéra, c'est historique — c'est même effrayant.

Le lendemain, il vient trouver son capitaine pour avoir *à manger*.

— Comment! lui dit son capitaine, vous venez me demander un bon, et vous avez eu hier cinq jours de vivres?

— Ma foi, capitaine, hier c'était le quatorze, et j'ai mangé jusqu'au dix-neuf inclus.

Il fallait voir le rire.

— Tenez, Brochu (l'artilleur s'appelait Brochu), voilà un bon; c'est aujourd'hui le quinze, tâchez de ne pas manger jusqu'au vingt-quatre inclus.

— Merci, mon capitaine; ça ira comme ça jusqu'au 21.

— Et que ferez-vous du 21 au 24 inclus?

— Le 21, je toucherai mon prêt et j'achèterai une poule.

Autre histoire :

Savez-vous comment un soldat a acheté une poule, un jour de disette? Voici :

Il entre à la cuisine et dit au chef de popote en étendant le volatile sur la table :

— Mon officier, voici une poule que j'ai achetée.

— Combien ? répond l'officier, en fouillant dans sa poche pour le rembourser.

— Je n'ai pas demandé.

URAGO D'OGLIO

16 juin.

Vous me croirez volontiers si je vous dis qu'*Urago d'Oglio* est un trou aussi infect que *Mozzanica*, avec cette différence toutefois que nous n'y avons passé qu'un jour.

L'Oglio, petite rivière profondément encaissée, passe à l'entrée du village. C'est une jolie promenade.

TRENZANO

17 juin.

Ah! par exemple, rien de *Trenzano*, s'il vous plaît.

BRESCIA

18, 19 et 20 juin.

« Tutta Brescia non armerebbe un'coglione (1). »
(*Proverbe.*)

Le chemin devient plus large. On rencontre quelques voitures particulières attelées de beaux chevaux.

De temps en temps on voit une maison élégante avec un potager; les clôtures sont régulières, les champs mieux cultivés, la végétation plus puissante. La route descend en spirale; on sent que la main de l'homme est plus intelligente et qu'on approche d'une ville. Voilà un dôme de marbre. Le chemin est libre :

— Godin, au grand trot!...

(1) Brescia est célèbre par ses manufactures d'armes.

Nous roulons bientôt avec un bruit infernal sur le pavé de Brescia. Les fourgons s'engagent dans une belle rue, un peu étroite, comme toutes les artères des cités italiennes, et au bout de laquelle on aperçoit une haute montagne.

Là, nous trouvons l'ordonnance du payeur, arrivé avant nous, qui nous arrête au passage.

Un palais nous ouvre à deux battants sa porte cochère, et nous disparaissons sous les voûtes sonores.

Nous descendons dans une grande cour, à droite de laquelle j'entrevois avec satisfaction un petit parc aux arbres énormes, tout plein d'ombre et de fraîcheur.

Je ressemblais, comme on dit, à un voleur, couvert de poussière des pieds à la tête. L'agréable bruit d'une fontaine qui jetait un flot d'eau claire dans un grand bassin de marbre demi-circulaire m'attira tout d'abord. J'appelai :

— Laurent !

C'était mon ordonnance.
Laurent parut.

— Voyez à me trouver une serviette. Vous déchargerez ensuite ma malle, et vous l'apporterez dans ma chambre.

— Elle y est déjà, monsieur.

— Qui l'y a mise?

— Givaudan.

— Givaudan!

Givaudan parut à son tour.

— Vous irez boire une bouteille à ma santé avec Laurent.

Givaudan s'éloigna en murmurant des paroles vagues de reconnaissance, noyées dans des « *ne ne* » à perte d'haleine.

Je vis alors arriver Borot en grand uniforme vert, brodé d'argent sur toutes les coutures, l'épée d'or au côté, chaussé d'une grande paire de bottes à l'écuyère éblouissantes. Avec son nez en bec d'aigle, aux narines finement découpées, ressemblant à un mince cartilage, sa barbe noire qui allongeait encore les lignes de sa figure fine et pâle, animée par des yeux très-brillants, je ne pus m'empêcher de lui dire :

— Borot, vous ressemblez à un élégant chasseur d'Afrique.

Le surnom de chasseur d'Afrique lui resta, et de même qu'on disait : Givaudan, *fils des Sommets*, Emilio, *chef de popote*, on s'accoutuma à dire :

Borot, ce *chasseur d'Afrique*. Pour se venger, il joignit à mon nom l'épithète d'*insensé*.

Après avoir fait mes ablutions dans l'eau glacée de la fontaine, Emilio s'avança d'un air triomphal. On aurait dit qu'il venait de prendre un bain de poussière. Son premier mot fut :

— Viens-tu en ville ?
— Je suis prêt, répondis-je.
— Moi aussi.
— Toi aussi ? Tu vas sortir dans cet équipage ? sans te faire donner un coup de brosse ?
— Il n'y a rien comme un pouce de poussière sur l'uniforme pour vous donner un air guerrier ; j'aime l'air guerrier ; je me ferai brosser ce soir... As-tu vu ta chambre ?
— Pas encore.

— Au fond de l'appartement, au premier, près de la mienne, très-jolie, pas de lit.

— Pas de lit! alors je couche à l'ennemi.

« *Coucher à l'ennemi* » signifie coucher hors du quartier général.

— Il y a un divan et des oreillers.

— Allons déjeuner.

LA VILLE

Je suis comme les enfants, qui croient ne jamais voir le bout d'une pièce de vingt francs.

J'ai tellement l'habitude de changer de gîte de vingt-quatre heures en vingt-quatre heures, que trois jours entiers dans la même ville me semblent ne devoir jamais finir.

Avant d'arriver, on sait déjà le nom des hôtels, des cafés, et tout ce que les guides peuvent apprendre.

Le premier jour, on connaît à fond la topographie; le deuxième, on voit les choses dignes d'attention; le troisième, on a déjà ses petites habitudes. C'est ce qui m'est arrivé.

Brescia est une belle ville de trente à trente-cinq mille habitants, au pied des hautes collines de la chaîne des Alpes, et dominée par une citadelle. Elle a des allures italiennes et une physionomie à elle.

J'aurais quelque plaisir à faire un peu d'érudition à coups de dictionnaires, mais l'Italie est une contrée tombée dans le domaine public. On a tant écrit sur elle, depuis les anciens, on l'a montrée sous tant de faces, on l'a décrite, étudiée, fouillée, analysée, disséquée sous tant de formes, que je suis sûr de ne rien dire qui n'ait été imprimé cent fois et lu de tout le monde. J'ai le tort immense de venir après les autres, je le sais; mais, en revanche, j'ai l'incomparable avantage de pouvoir me taire.

Mieux vaut encore le silence que la contradiction par parti pris, et je prise fort peu le mérite de ne pas être de l'avis d'autrui, quand il est bon.

Or il est convenu que je ne vous parlerai ni du Dôme de marbre (construction moderne de Vantini), ni de l'hôtel de ville, du Bramante, ni de quoi que ce soit qui tienne à quelque chose.

On n'y mange pas aussi bien que chez nous, veuillez me croire, et si vous en doutez, allez à l'*hôtel du Sphinx.*

Tout est relatif, cependant. Si distinguée que soit notre *popote*, je lui préfère encore les cuisines régulières de cet albergo, et la veste de Givaudan ne satisfait pas mes yeux comme un costume de marmiton.

Je ne puis passer sous silence une toute petite église, qui m'a bel et bien pris une heure de mon temps. Elle s'appelle *Sainte-Marie-des-Miracles*, et son architecture date du quatorzième siècle. Le portail de marbre, aux arceaux gothiques, dentelé comme une petite chapelle d'ivoire, est merveilleusement travaillé.

MARC

J'ai fait, en route, la connaissance d'un jeune homme qui marche avec l'armée. Il se nomme Marc et il a vingt-huit ans. Il accompagne son père, qui est général de brigade, sans avoir lui-même aucun grade ni aucune fonction.

Nous nous sommes rencontrés assez souvent pendant la campagne, et nous avons fini par causer ensemble. C'est un jeune homme instruit, un peu froid, malgré une certaine brusquerie de caractère qui fait contraste avec ses formes polies, et il est facile de voir qu'il n'échange pas ses idées avec tout le monde. Bien qu'il soit jugé diversement par ceux qui le connaissent, on est assez d'accord sur ces points généraux.

Je crois que c'est un de ces hommes qui, ayant jugé le monde de bonne heure, prennent le temps comme il vient, les femmes comme elles sont et l'argent pour ce qu'il vaut, sans néanmoins manquer de principes. Ces gens-là regardent les drames et les comédies que jouent les autres, sans siffler ni applaudir, sans colère et sans gaieté, sans vouloir y jouer leur rôle, croyant au bien comme au mal, indifférents peut-être, mais sur lesquels on peut compter quand ils vous donnent une certaine part de ce qu'on appelle l'affection.

Il est blond et imberbe. Ses yeux bleus, un peu ternes, ont ce regard flottant des gens qui regardent en eux pour comprendre ce qui se passe chez les autres, et prennent quelquefois une fixité singulière et un éclat passager. Sa bouche est fine, discrète et sérieuse, le menton bombé comme celui d'un empereur romain; le front, large et plane, est ombragé de cheveux vigoureux et régulièrement plantés.

Le masque est carré, les lignes des joues taillées à angle obtus. Le nez, un peu large, donne un air de bonhomie à l'ensemble de ses traits. Ajoutez qu'il est de haute taille, que ses épaules sont larges, ses jambes nerveuses, et vous aurez son portrait.

A Brescia, je le trouvai au café du Dôme, assis seul à une table, et fumant, la tête renversée. Il me tendit la main et me pria de lui tenir compagnie. Entre autres choses, je lui parlai du *Musée d'antiquités* de Brescia, de Givaudan, *fils des Sommets*, et du petit jardin.

— Ce jardin me charme, me dit-il. Le jour, je ne trouve rien de mieux à faire que de fumer et lire dans mon lit. Si vous le permettez, demain j'irai vous dire un bonjour et y prendre le frais ; le lit me fatigue. A propos, j'ai une demande à vous faire ?

— Accordée.

— Avez-vous quelques bouquins ?

— Sans doute. Musset, quatre volumes choisis de Diderot...

— Avez-vous sa correspondance avec mademoiselle Voland ?

— Complète.

— Je vous demande cela. Si vous venez me voir, vous choisirez dans les miens. Qu'avez-vous encore ?

— Deux Guides en Italie.

— Naturellement.

— La correspondance de Stendhal, les lettres du président de Brosses et quelques romans.

— Bon. Quelle heure est-il?

— Sept heures.

— Que faites-vous, ce soir?

— Rien, et vous?

— Je suis à deux pas de mon palais, voulez-vous Diderot?

— Volontiers, nous verrons le petit parc.

Il me donna le bras.

— Une question, me dit-il en chemin.

— Quelle?

— Prenez-vous des notes en voyage?

— Tous les jours et partout. J'ai acheté pour cet usage, en quittant Paris, un grand memento rouge, rue de la Paix...

— Cela fait plaisir d'entendre parler de la rue de la Paix, n'est-ce pas?

— Oui, ma foi. Je mets un mot; cela me suffira pour reconstruire.

— Oui, *la dent de Cuvier*. J'ai employé ce système autrefois, mais je le néglige et j'ai tort.

— Une question, à mon tour, lui dis-je.

— Faites.

— Écrivez-vous?

— Comment faut-il l'entendre?

— Comme vous voudrez. Je veux dire si vous mettez *du noir sur du blanc*.

— Un peu; j'écris souvent à un ami qui me garde mes lettres : cela m'amusera au retour de la campagne.

— Cela vaut mieux que des notes : vous avez l'impression du moment.

— Pour la forme littéraire, dit Marc, il vaudrait peut-être mieux rendre les idées à distance.

— Cela les affaiblit, répliquai-je.

— On développe mieux.

— Il y a, ajouta-t-il après une pause, un moyen terme : prendre ses notes sur le moment, écrire ensuite sans les consulter, et comparer.

— Voilà le meilleur, à mon avis... Nous sommes chez nous, voici Givaudan. — Givaudan, faites-nous du café dans le jardin.

Nous sommes restés ainsi à causer fort tard.

Je ne connais pas de conversation plus agréable

que celle de Marc. Il a voyagé dans toutes les parties du monde en observateur et en philosophe. Sa tête est une véritable encyclopédie, et il est doué d'une mémoire prodigieuse. Ce que j'appris en causant avec lui quelques heures et par échappées sur la politique, la diplomatie, les hommes et les choses du temps, les mœurs, les voyages, la guerre et la philosophie, suffirait à écrire de gros volumes. Il a surtout une manière de raconter qui n'appartient qu'à lui.

Entre autres choses, ce soir-là, je lui ai demandé ce qu'il pensait des bonnes fortunes en Italie.

— Je ne les suppose pas aussi nombreuses ni aussi faciles qu'on pourrait le croire, à moins de les avoir sous la main. Il y a, répondit-il, un mot d'Henri Heine qui explique très-bien le succès de ces amours de passage : « *Madame, je pars demain et ne reviendrai jamais.* »

Nous avons passé la journée du lendemain ensemble à flâner par la ville. Après déjeuner, nous avons visité le *Museo Patrio* de Brescia, qui renferme des richesses artistiques précieuses, entre autres la *Victoire ailée*, la plus grande statue de bronze que l'antiquité nous ait laissée.

Les ordres de départ furent donnés le surlendemain de notre arrivée. En nous quittant, nous étions amis, et nous nous sommes promis de nous écrire et de nous rapprocher aussi souvent que le permettraient les mouvements de la campagne.

Enfin, à trois heures du matin, nous avons quitté Brescia avec un soupir de regret. Il n'y a plus de ville devant nous, de Brescia à Venise. *Avanti!* comme disent les Italiens. *Semprè diritto*.

AU CAMP DE RHO

21, 22 juin.

Nous nous sommes arrêtés dans une vaste plaine, au milieu du camp. Nous voilà donc campés à Rho pour deux jours. Qu'est-ce que Rho? Je n'en sais ma foi rien.

Pour la première fois on va faire dresser la tente. On apporte une perche de quinze pieds qu'on fiche en terre, et à l'aide d'une vingtaine de piquets, plantés circulairement, la toile, solidement tendue, commence à prendre la tournure d'un cône élégant qui peut avoir dix mètres de circonférence. Au bout d'une demi-heure, les deux tentures mobiles en forme d'auvents étaient soulevées, nos lits prêts et nos malles ouvertes. Moyennant quoi, après avoir flâné, quêté mes amis, causé, examiné, dîné, digéré et fumé, je m'étends voluptueusement sur trois peaux de mouton, les portes ouvertes à la brise nocturne, et je m'endors paisiblement, rêvant de Moïse, de chameaux, de palmiers et des tribus d'Israël.

A quatre heures du matin, au premier rayon du soleil, les trompettes sonnent, et je me lève, gai comme un pinson qui secoue ses plumes, au milieu du camp qui s'éveille dans le plus pittoresque remue-ménage.

J'ai flâné encore toute la sainte journée.

ESENTA

23 juin.

Traversé Montechiaro. — Une heure d'arrêt. — Passé la journée à Esenta. — Grand dîner. — Reçu des lettres. — Départ demain.

SOLFERINO

24 juin.

... Nous avons quitté Esenta à trois heures du matin. L'ordre de départ portait pour désignation d'arrêt : *Solferino*.

C'était hier un village comme tous les autres, aujourd'hui il appartient à l'histoire. Les villages ont aussi leurs destinées. A moitié chemin, ordre fut donné de stationner à *Castiglione*. Il était huit heures du matin. On entendait le canon, et, depuis cinq heures, un demi-million d'hommes étaient aux prises sur quatre lieues de terrain.

Les bagages étaient tous pêle-mêle à droite de la route. Je me trouvai bientôt seul au milieu d'un tas de gens dont l'affaire n'était pas d'aller au feu. Je n'aurais jamais cru qu'il y avait, dans une armée, tant de gens qui ne se battaient pas, — sans me compter.

L'infanterie défilait dans un petit chemin creux. J'en ai vu beaucoup de ces petits fantassins à l'œil tranquille, se traînant péniblement le long des routes, avec leur sac sur le dos. Mais il faut les voir aussi, ces lourds paysans, quand les armées s'approchent et se cherchent. Il y a là pour eux un rude quart d'heure à passer. C'est une minute longue que celle où il faut attendre, l'arme au pied, la voix qui dit : « Allons, les enfants ! » Au premier coup de canon, les sacs sont à terre et les baïonnettes au bout du fusil. On brûle des amorces en marchant. Ces pauvres soldats, harassés de fatigue, couverts de poussière, baignés de sueur, ayant à peine bu et mangé, se serrent de l'épaule les uns contre les autres, comme des moutons ; puis peu à peu, sans se débander, ils s'écartent, marchent plus vite, s'animent, respirent, prennent le pas de course, sautent, escaladent et tuent à la baïonnette. Les officiers qui marchent à leur tête n'ont pas besoin de se retourner. Ils savent qu'ils sont suivis. Au bout de dix minutes, tout homme qui n'est pas touché se croit invulnérable : voilà les fantassins.

Le drapeau rouge de l'ambulance flottait sur la première maison du village. J'y trouvai le docteur M..., qui faisait préparer la cour, les greniers, les écuries et les chambres pour y recevoir les blessés.

— Venez vite, me dit-il entre deux ordres, si vous voulez manger un morceau. Il y aura de la besogne aujourd'hui, et dans une heure nous serons partis pour organiser les ambulances volantes.

En sortant de table, je remarquai que le bruit du canon se rapprochait sensiblement. C'était le combat qui se concentrait au pied de la Tour.

A gauche de Castiglione s'élèvent des mamelons et des collines sans végétation, au sommet desquelles il y avait beaucoup de monde. Malgré un soleil de trente à trente-cinq degrés, je me mis en route. Mon ascension dura une demi-heure. Une fois en haut, la vue s'étend dans la plaine, parsemée çà et là de nuages de fumée. La Tour est sur une hauteur, à portée de canon rayé. A l'aide des lorgnettes, on voit marcher les colonnes, et on distingue nos batteries aux flocons blancs qui précèdent les coups de quelques secondes. Un passage de Stendhal me revient à la mémoire :

« Nous voyons fort bien, dit-il dans sa *Correspondance*, tout ce qu'on peut voir d'une bataille, c'est-à-dire rien. Le plaisir consiste à ce qu'on est un peu ému par la certitude qu'on a que là se passe une chose qu'on sait être terrible. Le bruit majestueux du canon est pour beaucoup dans cet effet. Il est tout à fait d'accord avec l'impression. Si le canon produisait le bruit d'un sifflet, il me semble qu'il ne donnerait pas tant d'émotion. Je sens bien que le bruit du sifflet deviendrait terrible, mais jamais si beau que celui du canon. »

Ce que dit Stendhal est vrai pour une bataille livrée en plaine.

A une heure, on est déjà maître des hauteurs. On domine la Tour de Solferino, qui s'appelle *l'Espionne de l'Italie,* en raison de l'énorme étendue de pays qu'on découvre de son élévation. A gauche, sont rangés une douzaine de grands cyprès, alignés comme des sentinelles immobiles. Sur le versant de la colline commandée par la Tour, on aperçoit un grand carré noir formé par des cadavres. Pour avoir été couchés ainsi sous la mitraille, ces héroïques soldats devaient avoir gravi le mamelon comme s'ils avaient été à la manœuvre.

Le combat, longtemps concentré au pied de la Tour, continuait derrière les collines. Le canon grondait toujours.

Vers deux heures de l'après-midi, la cavalerie, lancée à fond de train, déboucha du village : chasseurs, lanciers, hussards, filaient pêle-mêle et bride abattue, comme un reptile déroulant ses anneaux multicolores dans des flots de poussière. A quelque distance la route fait un coude, où tous les cavaliers paraissent s'engouffrer et disparaître avec la furie de la chasse infernale. C'était bon signe, car, sans connaître la stratégie, on peut savoir que la cavalerie légère donne la chasse ou coupe la retraite.

Quant à l'idée d'une défaite ou d'une retraite

des nôtres, elle ne m'est jamais entrée dans la tête ni dans celle de personne, que je sache. Nos soldats restent difficilement immobiles sous le feu, et ils ne reculent pas : ils marchent. Pour être vaincus, il faudrait supposer, ou une effroyable destruction, ou une épouvantable déroute.

Je redescendis par le chemin creux où l'infanterie avait défilé le matin. Il était rempli de soldats à qui leurs blessures permettaient de marcher, comme celles des bras et des mains, qui sont nombreuses.

Ils avaient été pansés sur place et gagnaient le village. D'espace en espace, des cantinières les attendaient au passage pour leur donner un peu d'eau troublée d'absinthe ou un verre d'eau-de-vie. Il y en avait qui, au lieu de boire, vidaient le verre sur les bandes de leurs blessures irritées par le soleil. Je les vois encore avec leurs mains pendantes et mutilées, leurs bras fracassés, leurs chemises de toile sanglantes et déchirées, laissant apercevoir des éraflures de baïonnettes dans les reins, leurs pantalons en lambeaux, marchant doucement, sans plainte, l'œil triste... Pauvres troupiers!

Il y avait là une toute jeune cantinière blonde, avec de grands yeux bleus hardis, la physionomie ouverte, l'air décidé, la lèvre rose, qui trouvait pour tous un mot ou un sourire. Quelques-uns la regardaient longtemps avant de boire le verre d'absinthe qu'elle leur tendait. Je lui ai serré la main de tout mon cœur; je lui ai demandé son nom, et je l'ai oublié.

Vers trois heures, des convois de prisonniers arrivaient à Castiglione, marchant entre deux haies de fantassins. Ils paraissaient très-contents. Ceux qui les escortaient leur donnaient à manger et à boire d'un air tout fraternel. Ces gens-là se tiraient les uns sur les autres deux heures avant. Qu'est-ce que vous voulez que je pense de la guerre?

Nos fourgons étaient partis sans que personne pût me dire où ils étaient allés. Au milieu de la bagarre, je rencontrai Setti, l'interprète, à qui je demandai s'il les avait vus?

— Oui.

Je poussai un soupir.

Si on excepte les gens de Paris, il n'y a pas un endroit du monde où un homme sur cent sache indiquer clairement un chemin qu'il connaît comme sa maison. Je ne parle pas de la formule de nos méchants et stupides paysans : « *Deux petites lieues de pays,* » quand vous avez encore vingt kilomètres à arpenter.

Setti m'indiqua mon chemin avec la lucidité et la rigueur d'une formule géométrique.

Je lui serrai la main, et un quart d'heure après, vers quatre heures, j'entrais d'un air assuré dans la cuisine d'une ferme, où je retrouvai tout le monde. Il était temps. Pendant que je prenais des notes sur le coin d'une table, le ciel s'était chargé de nuages, et à cinq heures, éclata un orage dont les éclats puissants écrasèrent le bruit du canon, qui cessa bientôt. Il pleuvait à verse quand l'ordre arriva de monter à cheval et de nous rendre à Solferino sur-le-champ.

Il était cinq heures.

. . . .
. . . .
. . . . . Voici les cadavres.

Cette pluie qui tombe, ce ciel plombé, ce silence donnent à tous les objets un air morne et sinistre. Le paysage est désolé. On sent comme la vapeur du champ de bataille, ce chemin est boueux. Vos yeux tombent sur un cadavre qu'on a rangé de côté, la figure collée dans la boue d'une ornière. Là, les corps sont informes et, sous leur habit souillé, on dirait un amas de chair pâteuse et aplatie. Un soldat mort au soleil ne ressemble pas à un soldat mort dans la boue. Les corps deviennent plus nombreux à droite et à gauche. Nous sommes au pied de la Tour.

J'ai vu là un sous-lieutenant de zouaves, qui n'avait pas vingt ans, couché sur le dos. Il était roulé dans son caban, les bras au corps. On voyait passer en dessous la pointe de son sabre et ses deux pieds nus sortant de son pantalon rouge. La tête renversée laissait voir son cou blanc et le dessous du menton imberbe. Son visage avait cette pâleur marmoréenne que donne la mort. Ses yeux étaient fermés, sa bouche entr'ouverte.

A côté de lui, il y avait des lettres détrempées par la pluie.

Nous rencontrons des canons autrichiens attelés de beaux chevaux noirs, et des files de prisonniers.

Dans cette terrible bataille qui nous a enlevé 750 officiers, les Autrichiens ont fait donner trois fois des réserves fraîches contre nos troupes épuisées par la chaleur mortelle, la lassitude du combat, la faim et la soif.

On dit que l'artillerie a joué un grand rôle, surtout les pièces rayées, qui portaient jusque dans les réserves autrichiennes, lorsque les artilleurs pointaient trop haut. Malgré cela, après tous les perfectionnements apportés dans la science de tuer les hommes, l'arme terrible, mortelle et victorieuse, c'est la baïonnette. On en est revenu au point de départ, à l'enfance de l'art militaire, à la vigueur, à l'adresse, au courage, en un mot, au duel à l'arme blanche, comme au temps des barbares. Aussi la *Conversation chez la comtesse d'Albany*, de Courier, ne me semble pas un paradoxe.

Au bout d'une heure de marche, vers six heures et demie, nous entrons dans le village, rempli de cadavres. Les rues sont obstruées par des fusils brisés, des shakos écrasés, des gibernes vides, des sacs éventrés et des débris informes.

Après avoir pris possession d'un logement qui nous est désigné, j'ai suivi une rue qui monte en pente raide jusqu'à la place de l'Église. De cette plate-forme, bâtie en terrasse, on embrasse un des plus beaux panoramas du monde.

Le jour tombait. Le ciel s'était rasséréné. Le soleil se couchait derrière les hautes montagnes du Tyrol, laissant derrière lui de grandes zones bleues, vertes et jaunes, aux teintes rouges et violacées, sur lesquelles se découpaient vigoureusement les crêtes des monts en lignes noires et arrêtées. A leurs pieds, on apercevait, reflétant le ciel et noyée sous l'horizon, la surface calme et assombrie de cet immense et sévère lac de Garde, aux eaux limpides, profondes comme une mer, et qui mesure seize lieues de longueur. De temps en temps, sur la rive la plus rapprochée, deux longs jets rouges se répondaient par de sourdes détonations : c'était le double feu de l'artillerie piémontaise et autrichienne qui continuait le combat. — Le cimetière est jonché de cadavres.

Le 1ᵉʳ zouaves était campé sur la place de l'Église. Les hommes étaient alignés. On faisait l'appel, et j'entendais des voix qui disaient : *Présent, mort, blessé, présent, blessé, mort, mort.* Quelques-uns dressaient déjà les tentes, pendant que d'autres allumaient du feu pour faire la soupe au café. Le 1ᵉʳ zouaves, en deux affaires, Melegnano et Solferino, avait eu 60 officiers tués ou blessés sur 70. Les chasseurs d'Afrique ont été décimés dans la même proportion.

La mort a épargné presque tous ceux dont le hasard de la campagne nous a plus particulièrement rapprochés.

Montebello fut un engagement, *Melegnano* un combat, *Magenta* une bataille, *Solferino* est une victoire.

Nous partons demain pour Pozzolengo.

POZZOLENGO

Du 25 au 29 juillet.

Nous sommes assez bien installés. Borot est un peu malade. Il boit du thé comme un Anglais. Pozzolengo est un grand village; nous y avons passé cinq jours. Le lac de Garde est à deux lieues.

Comme notre mulet n'avait pas grande besogne, l'idée me vint de l'atteler au cabriolet de notre propriétaire, pour aller faire une petite excursion avec nos amis de l'ambulance. Une autre carriole nous précédait. Le reste était à cheval.

J'étais dans le cabriolet avec M. S..., pasteur protestant attaché au 1er corps, vieillard rempli de grâce et de bienveillance, type rare et bien fait pour bénir et consoler les blessés. Dubut, jeune vétérinaire du train, conduisait. Nous voilà partis.

Au bout de dix minutes :

— Dubut, savez-vous conduire ?
— Peu, très-peu.

Au moment du « très-peu », voilà le mulet qui part comme un coup de vent. Dubut tire les rênes à lui, l'enragé mulet tourne la tête à gauche, et, ne voyant plus devant lui, oblique sensiblement vers la droite.

— Dubut, m'écriai-je, nous allons au fossé de droite par un angle de je ne sais combien de degrés, mais nous y allons tout droit.
— Qu'est-ce que vous voulez que j'y fasse ? ce mulet a la bouche sensible comme l'oreille d'un Anglais.
— Dubut, à gauche ! Nous y allons ! A gauche ! à gauche ! à gauche ! à g…

Le mulet descendit le petit talus au grand galop de charge; la voiture suivit, barda, pencha et versa dans la poussière. La limonière était en trois morceaux, le pasteur, Dubut et moi sur nos jambes. Comment ? Je n'en sais rien.

Voyant qu'il fallait verser, je m'étais pelotonné dans un coin du cabriolet, et j'avais roulé doucement dans la capote.

Je partis d'un fou rire en allongeant au mulet un magistral coup de pied qui le mit sur ses jambes.

Toute la caravane arrivait à notre aide. En voyant que tout se bornait à un bain de poussière, on rit ; puis on tira le cabriolet sur la route, on ficela les morceaux de la limonière cassée et on remit le mulet devant, en lui faisant force recommandations. Le pasteur prit les rênes, je montai sur le siége à côté de lui, et Dubut, déclaré bon vétérinaire et détestable cocher, s'installa au fond de la voiture.

Mais voilà que l'avant-train du cabriolet porte sur les jarrets du mulet, qui s'épouvante et prend le mors aux dents. Cette fois, ce fut une course insensée. Le pasteur rendit les rênes. C'était ce qu'il fallait faire. « L'animal ira devant lui, me dit-il, et il finira par s'arrêter tout seul. »

Le mulet voulut s'arrêter, mais la voiture

porta encore sur ses jarrets, et il repartit de plus belle. Enfin il s'arrêta. Cette fois, on le renvoya à Pozzolengo avec le cabriolet cassé. Heureusement, un fournisseur des armées sardes passait par là en voiture et nous offrit des places. Moyennant quoi on arriva sans encombre à *Rivoltella*, petit village sur le bord du lac.

Ah ! quel bain j'ai pris ce jour-là ! Quelle eau limpide et tiède ! Le beau paysage... et quel appétit !

Nous étions de retour vers sept heures à Pozzolengo, où l'histoire de la voiture cassée courait les rues. Après le dîner, on fit une promenade sur la route, et le lendemain on partit pour Mozambano.

On se rapproche de Venise.

MOZAMBANO

30 juin.

On se fait de singulières idées sur les hommes et les choses par le mirage de l'imagination. J'avais tant entendu parler du *Mincio* dans les journaux, que je me le représentais comme un noble fleuve, large et majestueux.

C'est une petite rivière, à l'eau courante et limpide, qui serpente entre les arbres d'une vallée ravissante. Elle coule au pied du village de Mozambano, bâti sur une hauteur où se découpe la silhouette massive d'un château-fort en ruines.

Ma foi, au risque de passer pour un collégien en vacances, j'ai dédaigné de traverser le Mincio sur le pont de bateaux jeté par le génie. Il faisait chaud, la rive était solitaire, les canards l'avaient passé, les Français aussi ; je me suis jeté à l'eau : douze brasses de largeur.

CASA BUSETTA

1er juillet.

Le lendemain, nous avons passé le Mincio officiellement, et nous avons campé à la belle étoile, dans les environs d'une ferme qui s'appelle la Casa-Busetta. Le surlendemain, nous nous installions à *Castelnuovo*.

LE MORNE AUX BLAGUEURS

CASTELNUOVO

Devant Peschiera. Du 2 au 17 juillet.

Pensée décevante : nous allons croupir dans cet odieux village, à deux heures de chemin de fer de Milan et de Venise. Pour nous consoler, le docteur C... nous apprend que, lors de la première campagne d'Italie, ces parages étaient si malsains pendant l'été, qu'on tirait au sort les régiments qui devaient camper là. Nous en avons pour longtemps. On va faire le siège de *Peschiera*, qu'on aperçoit de l'autre côté du *lac de Garde*.

Bien que notre séjour soit aussi monotone que les plaines de la Lombardie, je continue à tenir mon carnet au courant, et je serai peut-être bien aise de retrouver plus tard mes souvenirs.

Le matin, il nous arrive souvent de nous lever à la pointe du jour, et une voiture nous conduit en une demi-heure à Colas, au bord du lac. Là, sa physionomie est imposante et sévère. Une vaste plage de sable fin descend en pente douce entre les grands roseaux qui bordent la rive. On prend un bain délicieux dans l'eau verte et limpide, on allume un cigare, et la voiture nous ramène pour l'heure du déjeuner.

Pendant la journée, nous restons enfermés, portes et volets clos, pour nous défendre de la chaleur dévorante et des mouches. Castelnuovo est le quartier général des mouches de la Lombardie. Dans chaque maison, on pend au plafond une énorme branche sèche de laurier. Le soir, leurs bataillons noirs viennent s'y poser pour dormir. Une fois endormies, on hisse un sac ouvert qu'on ferme à l'extrémité de la branche, et on plonge le tout dans l'eau. C'est un bon moyen de se débarrasser des mouches par milliers. Le lendemain il y en a le double. Et j'oubliais les moustiques. J'en oublie, ma foi, bien d'autres.

Après la sieste, on lit des livres, des journaux,

des lettres, on fume, on cause, on boit des grogs au café toute la journée. Vers cinq heures arrivent nos amis, et on prend l'absinthe.

Les habitants du pays passent leur temps d'une autre façon. Ils jouent à la *Morra*. La partie se fait à deux. Les joueurs sont assis en face l'un de l'autre, un poing fermé, et ils abattent chacun un certain nombre de doigts, en criant ensemble un nombre compris entre 1 et 10. Celui qui a deviné le total des doigts des deux mains abattues en même temps fait un point. Quand le jeu s'anime, c'est un tapage à n'y rien entendre, heureux quand il ne finit pas par des coups de couteau.

J'ai essayé de profiter de ces loisirs forcés pour donner à mes notes informes une apparence plus littéraire. C'est absolument impossible. « *En général*, dit Armand Carrel dans sa Préface des écrits de Paul-Louis Courier, *plus on voit, moins on écrit; plus les impressions sont vives, accumulées, pressantes, moins on est tenté de les vouloir rendre.* »

Je crois que les impressions veulent être rendues à distance, après avoir sommeillé un certain temps au fond de la mémoire. Elles se classent alors d'elles-mêmes, et permettent au jugement de les examiner froidement, de les comparer et de les analyser. Par un phénomène assez curieux, dont il faut remercier la bonne mère Nature, ce sont les souvenirs pénibles qui s'effacent le plus vite et laissent le moins de traces. On oublie les heures mauvaises, les petites tribulations, les impressions moroses, et quand on y pense, elles semblent doubler le prix des souvenirs agréables et des heures pleines et favorisées. Les événements veulent être jugés à distance et par grandes masses, comme les décors.

Nous dînons vers sept heures. La table est bonne. Les vins cuits et liquoreux d'Italie (*Campo Santo*) sont fort agréables, surtout avec la glace, qu'on se procure facilement dans les fissures de rocher des montagnes voisines. On a proscrit les poules. Par exemple, nous avons des poissons dignes des tables royales. Le lac de Garde en fourmille. Les meilleurs sont les *carpions*, espèce particulière qui ne se trouve nulle autre part. Ils ont la forme de nos carpes, quoique un peu allongée, et sont d'un beau vert d'émeraude. Leur chair est blanche, grasse et aussi délicate que celle de la truite.

Après dîner, nous grimpons jusqu'à l'église du village, bâtie sur une éminence qui domine à perte de vue toute la campagne environnante. C'est là que le soir, à l'heure où soufflent les brises du lac et de la plaine, nous allons nous délasser des chaleurs dévorantes du jour. L'état-major, les médecins, l'intendance et le Trésor s'y rencontrent et se groupent sur le gazon de la plate-forme, que nous avons baptisée :

LE MORNE AUX BLAGUEURS

Pendant que la conversation suit son cours, on aperçoit des fusées lumineuses, lancées de Peschiera pour éclairer les travaux des Piémontais qui ont commencé le siége. Chaque fusée, après avoir tracé dans l'espace sa courbe parabolique, éclate en pluie d'étoiles brillantes dont l'éclat permet de pointer, puis on entend un coup de canon. Entre la vue de la lumière de la pièce et le bruit de sa détonation, on compte de treize à quinze secondes. La lumière étant presque instantanée par sa vitesse, et le son parcourant 333 mètres par seconde, on peut calculer que nous sommes à environ cinq kilomètres de la ville assiégée.

Franchement, sans les soirées du *Morne aux blagueurs*, on s'ennuierait à périr. Par bonheur, en campagne, on conspire de son mieux contre cette maladie-là. Tout le monde se connaît. Il ne peut guère y avoir de relations froides entre gens qui voyagent ensemble à l'étranger. Dans ces rencontres, dues au hasard, les rapports s'établissent, les relations se nouent, les amitiés s'ébauchent. Vous retrouverez votre voisin de droite au café du Helder, et votre voisin de gauche sera peut-être tué demain. Ainsi va la guerre.

Donc, le *Morne aux blagueurs* est, d'un accord tacite, le rendez-vous général du soir. Les cigares s'allument, on cause : de quoi ? de la guerre? Fort peu. On cause de Paris. Si l'on vient à parler de la campagne, c'est pour raconter une petite aventure, une histoire, un mot, un épisode gai ou triste, selon son humeur. On dit ce qu'on a vu, ce qu'on a entendu, et on est sincère. Le monde est loin.

Je regrette aujourd'hui de n'avoir pas eu le courage d'écrire pendant dix minutes tous les soirs avant de me coucher. J'ai trop compté sur ma mémoire. Il y avait certainement de bonnes choses à recueillir de ces conversations, et je les ai perdues par mon inertie.

J'aurais pu discuter à fond sur le canon et la baïonnette. Je me rappelle pourtant, entre autres choses, que pour marcher contre une fortification, il faut éviter de suivre un chemin perpendiculaire aux murailles, et s'avancer dans la ligne qui coupe les angles en deux. Le tir est moins juste. Pour l'utilité que j'avais à recueillir personnellement de cette théorie mathématique, j'aurais pu l'oublier sans inconvénient.

ARMISTICE

Nous étions à Castelnuovo depuis le 2 juillet. Si le *Morne aux blagueurs* était le foyer des petites histoires, c'était aussi le foyer des nouvelles fraîches. On va le voir.

Le 6 au soir, arrive un commandant du génie. Le bruit s'est répandu que, cette nuit même, deux cent mille Autrichiens doivent venir surprendre l'armée française dans son camp. Avis est donné de veiller, et aux troupes de se tenir prêtes à tout événement. L'ordre du jour est simple : *Attendre*, et au besoin *recevoir*. Cette tactique était absolument opposée à la marche ordinairement suivie. C'était l'ennemi qui attendait dans des positions choisies, formidables, dont il fallait le déloger. Il tuait beaucoup de monde et battait en retraite avec ordre pour aller se poster plus loin.

Je n'entends rien du tout à la stratégie. Dans mon petit coin, il me semble que pour la solution de ce problème : *Les Autrichiens sur des collines et les Français en bas, changer de place à la baïonnette et les faire dégringoler de l'autre côté,* » un bon sergent vaut mieux que deux tacticiens.

Fidèle à sa politique et à sa mission toute d'expectative, le Trésor a fait préparer les attelages des fourgons chargés de l'or et des dépêches de l'armée.

Le lendemain 7 juillet, l'armistice était signé pour quarante jours.

L'espoir rentra dans mon âme. Couché sur une carte immense, je calculais les étapes de retour.

Le commandant du génie dont il a été parlé plus haut fut invité à dîner à Peschiera. Le lenmain soir il nous raconta qu'il était entré dans la place les yeux bandés, et que ses yeux ne s'étaient ouverts qu'aux lumières d'une table somptueusement servie, entourée par l'état-major autrichien.

Le repas fut cordial et animé. Le feld-maréchal Hess lui demanda combien nous avions eu de morts à Solférino?

— Et vous, maréchal? répondit le commandant.

— Ce n'était pas à moi de les compter, c'était à vous, puisque vous couchez toujours sur les champs de bataille.

— Ah! ah! dit une voix, voilà un mot historique.

— Je vous le donne de première main.

Ce soir-là, le *Morne aux blagueurs* fut plus animé qu'à l'ordinaire.

Une dissertation s'engagea immédiatement sur les mots historiques, ensuite de laquelle, exemples cités à l'appui, il résulta que les mots historiques sont généralement fabriqués après coup, ou inventés par des historiens et des journalistes pleins d'imagination.

— Mais, dit une voix, écrit-on l'histoire, là, la vraie, celle du dimanche?

— Cela dépend, dit le docteur. Il y a l'histoire apparente, l'histoire intime et la philosophie de l'histoire... Je vous demande pardon, j'allais faire un discours...

— Parlez, parlez : nous sommes ici pour vous écouter.

— L'histoire apparente, poursuivit le docteur, enregistre des faits. La philosophie de l'histoire en recherche les causes, les combinaisons et les résultats ; c'est, en un mot, la science de la prévision de l'avenir basée sur l'expérience du passé.

— Bah ! dit une voix, dans l'ensemble c'est possible ; mais combien y a-t-il de faits historiques élucidés par une méthode satisfaisante ? La plupart des causes réelles restent inconnues des acteurs eux-mêmes. Les résultats ne présentent souvent que des solutions problématiques, et les combinaisons sont la bouteille à l'encre. En fait d'histoire, voyez-vous, docteur, souvent une lettre, une confidence intime, un récit naïf m'en a plus appris que tous les bulletins.

— L'histoire secrète a sa valeur; mais elle repose sur un témoignage particulier, souvent très-contestable et très-contesté. L'histoire apparente a cet avantage, d'offrir le contrôle des diverses opinions.

— Bon. Demandez un peu à quelle heure a commencé la bataille de Solférino, et tâchez d'accorder toutes les horloges que vous entendrez sonner.

C'est ainsi que nous devisions, le soir, sur la plate-forme du *Morne aux blagueurs.*

LA PAIX

La paix a été signée le 11 juillet, à Villafranca.

Le maréchal Baraguey-d'Hilliers va aux eaux d'Acqui. L'état-major est à Colas, sur le bord du lac. Il n'y a plus guère ici que l'ambulance et le Trésor.

Nos amis partent tour à tour.

Le capitaine M... nous écrit une lettre d'adieu qui finit ainsi :

« *Bon appétit — santé — fraîcheur.*
« *Pas trop de bamboches.* »

A Castelnuovo, grands dieux !

Le jour de la signature de la paix a été un jour de fête pour tout le monde, et personne ne cherche à cacher sa joie.

Tant qu'on a marché, on ne pensait pas au retour ; mais aujourd'hui Paris est au bout du chemin. Oh ! revoir le boulevard Montmartre !

. . . .

L'ÉMIGRATION DE VENISE

J'ai trois jours de congé. J'irai à Brescia.
Venise est là, tout près, mais le chemin de fer est coupé, et, malgré la paix, les Autrichiens paraissent peu disposés à donner l'hospitalité à des Français.

Ces pauvres Vénitiens comptaient sur la France. Ils relevaient la tête devant leurs maîtres. Ils se croyaient déjà libres. Cette paix leur est fatale.

Les palais étaient abandonnés. Maintenant ce sont les pauvres qui s'en vont.

Ils quittent leurs maisons, sans pain, sans abri, sans ressources, désolés, emmenant leurs femmes et leurs enfants.

Où vont-ils? Ils n'en savent rien. Ils se répandent par milliers dans les campagnes, errant à l'aventure, jusqu'à ce qu'une ville amie ou un village hospitalier leur donne un refuge.

J'ai vu des habitants de Milan pleurer en disant :

— Et Venise, monsieur ? Venise ? Venise ?

Les blanches sentinelles autrichiennes se promènent solitairement dans la ville des doges. Les palais de marbre désertés semblent des tombes au milieu d'un cimetière inondé. Voilà Venise aujourd'hui.

Demain ?...

EXPÉDITION NOCTURNE

13 juillet.

Je pars ce soir à neuf heures pour Brescia, avec une voiture attelée d'un petit cheval solide. J'arriverai demain matin à sept heures.

J'ai bien recommandé à mon conducteur de ne pas prendre la route de Peschiera, qui est le plus court chemin pour aller à Brescia. Respectons les terrains neutres.

En sortant du village, à gauche, je passe devant le camp, dont les feux brillent au milieu de la plaine. De cent mètres en cent mètres, les sentinelles crient : Qui vive ?

Après avoir traversé *Valeggio*, *Pozzolengo*,

Mozambano, *Rivoltella*, et cette délicieuse vallée du Mincio, nous arrivons au *Lac de Garde*, dont nous côtoyons les bords. La lune jette sa lumière bleuâtre sur la surface des flots, calme et unie, que la brise ternit de temps en temps comme un souffle sur un miroir.

Les masses noires et solides des montagnes du Tyrol, qui se détachent vigoureusement sur le ciel pur semé d'étoiles, donnent un aspect bizarre et mélancoliqque au paysage. Rien ne trouble le silence, si ce n'est le frissonnement léger des arbres bordant la route blanche qui se déroule devant nous, le grincement des roues et le trot régulier du petit cheval.

Godin a eu le soin de remplir de provisions le coffre de la voiture. Je partage une tranche de viande froide avec mon conducteur et je lui passe la bouteille fortement entamée.

Nous gravissons les rues de Dezenzano, petite ville située sur les bords du lac, en face de la presqu'île de *Sermione*, où se trouvent les ruines de la *Maison de Catulle*.

Le petit jour commence à poindre. Les nuages se colorent de teintes violacées, puis roses. Les oiseaux poussent de petits cris et secouent leurs plumes mouillées par la rosée. Nous croisons sur la route un homme conduisant une petite carriole couverte en toile, attelée d'un mulet qui fait tinter ses grelots aigres. L'air matinal rafraîchit mes poumons et réveille mes membres engourdis par la fraîcheur pénétrante de la nuit. L'orient s'empourpre, le sommet des montagnes se colore d'un rouge pâle, et sur leurs flancs accidentés, encore plongés dans l'ombre, courent déjà de grandes zones lumineuses; le soleil paraît, grandit, s'élève majestueux, et lance au loin ses flèches d'or sur la campagne endormie.

Il est quatre heures du matin.

Nous nous arrêtons à *Lonato*, devant la grande porte d'une auberge. Deux garçons d'écurie en sortent assis sur le dos de chevaux qu'ils mènent à l'abreuvoir. Mon conducteur connaît la maison; il est allé chercher une auge pour donner l'avoine au cheval. Une fenêtre s'ouvre. Un homme apparaît en costume léger, examine le ciel et se retire. Une femme apparaît à son tour. Elle me regarde allumer un cigare. Elle sourit. Je souris aussi. Elle s'en va. La fenêtre reste ouverte, mais je ne vois plus personne. Nous repartons.

Vers six heures, avant d'arriver au village de *San-Marco*, nous traversons le camp piémontais, qui est déjà en l'air. Des musiciens, rangés en rond, jouent *la Milanaise*. C'est la première fois que j'entendais cette polka nationale.

Enfin me voici à *Brescia !* Mon premier soin est d'aller au télégraphe, et ma première visite pour les hôtes hospitaliers qui nous ont reçus. Ma chambre est toujours libre, et le petit parc plein d'ombre toujours sous les fenêtres. Il me semble que je suis chez moi.

. . . .

Après quelques heures de sommeil et un solide déjeuner, l'envie me prit de revoir en détail le *Museo patrio*.

MUSEO PATRIO

La Victoire ailée.

Le musée de Brescia est formé des antiquités découvertes récemment dans les fouilles que la ville a fait faire sur l'emplacement d'un temple consacré à Vespasien. On lit sur le fronton : *Museo Patrio.*

Il se trouve dans la rue *Santa-Giulia*, et on y arrive par un large escalier de marbre en assez bon état, dont les degrés sont les degrés mêmes du temple. Au pied, dans un enfoncement de terrain à gauche, au milieu de fleurs et d'arbustes qu'on laisse pousser au hasard, on aperçoit des pierres couvertes d'inscriptions à moitié effacées, des bas-reliefs rongés, des fûts de colonnes brisées et couchées à terre, des chapiteaux et des débris.

Il y a trois salles où l'on a réuni toutes les

antiquités trouvées dans les fouilles : bas-reliefs, groupes et statues de marbre, vases d'argile et de bronze, mosaïques, camées, médailles, etc.

Ce qui frappe tout d'abord, en entrant dans la salle du milieu, est la statue en bronze de la *Victoire ailée*, qui est la plus grande et sans contredit une des plus belles qui nous soient arrivées du monde ancien. Du Pays, dans son *Itinéraire de l'Italie*, en donne une description très-exacte.

Il ne dit pas que le pied gauche de la statue repose sur un casque. Ce casque est aussi indiqué par des points sur le magnifique exemplaire du *Museo Bresciano illustrato* que possède la Bibliothèque impériale de Paris. J'ai une photographie stéréoscopique où on le voit très-bien. Il paraît écrasé et les bords sont ébréchés. A la fin de l'ouvrage, il y a un très-grand nombre de planches sur acier reproduisant tous les objets du Musée. Le plus important, la *Victoire ailée*, est représenté sous trois aspects : de face, de trois-quarts et de profil. Si je ne me trompe, elle a beaucoup de similitude dans les lignes avec la

Vénus de Milo, et le mouvement des bras pourrait même s'y rapporter parfaitement (1).

J'ai remarqué une jolie statue de marbre représentant un petit enfant étendu (*Puttino giacente*).

Une chose curieuse encore est une petite tête de *Faune* en marbre, grosse comme le poing, qui a la lèvre supérieure cassée. Malgré l'absence très-regrettable de cette lèvre, jamais je n'ai vu, sous un petit nez camard, un sourire plus vivant que celui qui éclaire cette tête. Ce n'est pas le sourire du satyre, ce n'est pas non plus le sourire de la bonté, ni d'un homme, ni d'un enfant. Ce merveilleux sourire est tout cela. Il a la raillerie, la finesse, la bonté, la grâce, la bonhomie, la caresse, la sensualité; il est charmant, il dit tout ce que vous voudrez, ce petit gredin de Faune. A quelque jour, un Anglais le mettra dans sa poche, vous verrez cela.

En sortant du Musée, après avoir flâné par la

---

(1) Depuis la campagne d'Italie, on a fait mouler la *Victoire ailée*, qui a été placée dans la cour du Louvre.

ville, dîné, pris des glaces au café du Dôme en songeant à Marc qui profite des loisirs de la paix pour faire des excursions, Dieu sait où! je suis rentré fort tard.

Le lendemain matin, 15 juillet, après un déjeuner très-prolongé, il me fallut remonter dans ma voiture et revenir à Castelnuovo par le même chemin.

J'étais de retour vers cinq heures, résigné à mon sort, lorsque Emilio m'aperçut et me cria : *Départ le* 18!

Heureuse nouvelle! dans quarante-huit heures nous dirons un éternel adieu à Castelnuovo.

Je voulus voir de mes yeux les ordres de départ. C'était officiel, étapes de retour triplées et séjour dans des villes.

Les 18, 19 et 20 à *Dezenzano*.
Les 21, 22 et 23 à *Brescia*.
Le 24 à *Chiari*.
Le 25 à *Treviglio*.
Le 26 à *Milan*.

Le 18 juillet, à quatre heures du matin, nous abandonnions la maison. Des régiments de bouteilles vides étaient alignés dans la cour. C'est tout ce que nous y avons laissé.

LA MAISON DE CATULLE

Dezenzano, 18, 19, 20 juillet.

... En arrivant à Dezenzano, par la route de Peschiera qui longe le lac de Garde, des pêcheurs, étendus au fond de leurs barques à la voile latine, nous demandèrent si nous voulions visiter la maison de Catulle. Nous pouvions apercevoir la presqu'île de Sermione, où sont les ruines. En disant ces mots : « *La maison de Catulle* », dans leur langue musicale et sonore, la voix de ces hommes parut s'assouplir. Ne prononçaient-ils pas un de ces noms magiques, doux au souvenir, et qui réveillent tout un monde endormi d'amour, de chants, d'harmonies ?

Au bout d'une heure, nous débarquions au village de Sermione. *La maison de Catulle* se trouve à l'extrémité de la presqu'île, et on y arrive par un sentier bordé d'oliviers.

Notre cicerone était un garçon d'une douzaine d'années, aux cheveux noirs coupés ras, et vif comme un lézard. Il nous apprit qu'il accompagnait les étrangers qui se détournaient de leur chemin pour visiter la maison du *brigand Catulle*.

Un de nos compagnons lui demanda la raison de l'épithète malsonnante de *brigand*.

« Le seigneur Catulle, répondit notre cicerone, était un brigand qui dévalisait les voyageurs. »

Comme nous approchions des ruines, il nous montra de grands trous creusés au milieu du sentier, par lesquels on descend dans les souterrains voûtés.

« Vous voyez bien ces trous-là? poursuivit-il, C'est là que le brigand Catulle jetait ses femmes quand il les avait assassinées. »

Cette histoire n'est pas inventée à plaisir. On sera moins étonné que le nom de Catulle ait servi de prétexte à une légende de Barbe-Bleue, quand on aura lu le passage suivant du président De Brosses, lors de sa visite à la maison de Virgile :

« Je ne fus pas plutôt arrivé (*à Mantoue*) que je m'embarquai au plus vite sur le lac (*Supérieur*) pour aller voir le village et la maison où est né Virgile. On a bâti sur la place un château qu'on m'avait fêté, et où je comptais trouver des choses dignes d'un homme qui a tant honoré sa patrie. Je n'y vis autre chose qu'une maison de campagne assez propre où il n'est pas la plus petite question de Virgile. Le village s'appelle cependant *Virgiliana*. Je demandai pourquoi aux gens du lieu : ils me répondirent que ce nom lui venait d'un ancien duc de Mantoue, qui était roi d'une nation qu'on appelle les Poètes, et qui avait écrit beaucoup de livres qu'on avait envoyés en France. Bref, ces ignares Mantouans n'ont pas élevé le moindre monument public à ce prince de la poésie, et tout l'honneur qu'ils lui font aujourd'hui est de faire servir son image à la marque du papier timbré. »

J'ai fait le tour de ce palais, dont il ne reste que les fondations enterrées sous l'herbe, et quelques vestiges couverts d'arbustes et de tiges vigoureuses de lierre. On voit encore debout quelques arceaux bien conservés, construits en briques et en pierres soudées par ce ciment romain auquel le temps donne la dureté du marbre.

« Quoique la destruction de ce palais antique soit aujourd'hui pour ainsi dire complète, et que le temps en ait fait disparaître ce qui pouvait indiquer un ordre d'architecture, cependant il reste assez de massifs de maçonnerie, de pilastres, de portions de voûtes, de murs et de souterrains, pour aider l'*imagination* à se représenter le monument tel qu'il pouvait être en son entier (1). »

Le plan de *la maison de Catulle*, qui se trouve dans l'ouvrage d'Hénin, a été levé par M. Mellini, aide de camp du général La Combe Saint-Michel. On y rapporte aussi la relation de la visite de Napoléon Ier aux ruines, et du banquet qui y fut donné par des officiers français en l'honneur de Catulle. « Telle est cependant la puissance de la gloire, dit Valery : on ne sait quel fut le patricien opulent maître de ce superbe palais, et l'on a cru illustrer ces débris en les décorant du nom d'un poëte. »

Je ne suis pas fanatique des guides, des itinéraires, des dissertations des savants et des récits des voyageurs. Par ce sentiment naturel qui nous fait trouver de l'intérêt à tout ce qui se rattache à nos souvenirs, j'ai eu la curiosité de lire de nombreux ouvrages sur Catulle, et j'en ai du regret. J'ai lu, par exemple, dans un

---

(1) Extrait du *Journal historique des Opérations du siége de Peschiera*, par F. Hénin, chef de l'état-major des troupes du siége de Peschiera, an XI.

grave recueil, une étude pleine d'érudition sur le palais de Catulle. On y trouve la description détaillée de ce monument disparu, chambre par chambre, voire même celle du mobilier. L'auteur m'y représentait assez bien un huissier dressant un inventaire de saisie sur le terrain d'une maison démolie. Il est évident que ce n'est pas là cette demeure, grevée d'hypothèques et ouverte à tous les vents, que Catulle tenait de la munificence du consul Manlius. C'était peut-être celle de Manlius, ou l'un de ces établissements de bains grandioses, comme les Romains en construisaient dans toutes les provinces. Que me reste-t-il de ces lectures? Un souvenir confus et du fatras antique. Je suis encore bien aise de savoir qu'il n'est pas établi que Catulle soit né dans cette *Venusta Sirmio*, son asile de prédilection.

Que m'importe? J'écoute chanter Catulle au retour de son voyage en Bithynie... Je touche avec lui le rivage de la patrie, je respire l'air du sol natal.

Du haut du promontoire qui avoisine *la maison de Catulle*, on aperçoit les villages espacés sur les bords du lac de Garde jusqu'à la forteresse de Peschiera, et dont les noms sont harmonieux comme un écho de la Grèce. Si vous allez visiter ces ruines par un jour de soleil, oubliez votre guide, mais prenez un bain dans les flots limpides, sur la plage naturelle qui descend en pente douce devant la façade du palais.

Si j'avais cette médiocrité dorée chère au poëte, j'achèterais un lambeau de terrain dans le voisinage. J'y ferais construire une petite maison sur le modèle des habitations des anciens, et j'y vivrais heureux avec quelques livres, une barque, un ami comme Manlius, et une maîtresse comme Lesbie, dût-elle m'être infidèle.

LE LAC DE GARDE

Sous le ciel toujours bleu de la vieille Italie,
Ainsi qu'un prisonnier roulé dans ses liens,
Bercé d'un bruit plus doux qu'un souffle d'Eolie,
Tu gonfles ton flot pur avec mélancolie,
    Au pied des monts Tyroliens.

Sombres monts éclairés par d'infernales fêtes,
Ils montrent leurs flancs nus aux lueurs des éclairs,
Et toujours foudroyés, toujours dressant leurs têtes,
Noirs géants de granit, ils aiment les tempêtes,
    Pour se mirer dans tes flots clairs.

J'ai vu le lac de Côme aux riants paysages,
Ses bois de citroniers et ses lauriers en fleurs,
Ses coteaux embaumés, ses villas, ses ombrages,
Mais j'aime mieux tes rocs, tes sinistres rivages,
    Et tes solitaires splendeurs.

Tes bords sont sans parfum, tes rives sont désertes ;
Morne et silencieux, profond comme la mer,
Lac aux grands horizons, tes larges ondes vertes,
Pour se fermer toujours se sont-elles ouvertes,
    Tombeau d'un souvenir amer ?

Des dieux de Rome antique as-tu la sépulture ?
As-tu les ossements des grands citoyens morts ?
Gardes-tu dans ton sein le fer de leur blessure ?
Est-ce un nom détesté que ton flot nous murmure,
    Et qui vient mourir sur tes bords ?

Ah ! vers le temps passé ta mémoire recule,
Et tu te ressouviens de cet âge enchanté,
Où la Nuit, dans tes eaux noyant son crépuscule,
T'apportait sur son aile un refrain de Catulle,
    Dont la voix t'a si bien chanté.

> Et sous le beau ciel bleu de la vieille Italie,
> Ainsi qu'un prisonnier roulé dans ses liens,
> Bercé d'un bruit plus doux qu'un souffle d'Eolie,
> Tu gonfles ton flot pur avec mélancolie,
> Au pied des monts Tyroliens.
>
> . . . .

Notre excursion avait duré deux heures. Un des mariniers qui nous avait amenés vint nous prévenir que le lac commençait à gonfler. *C'est un lac sujet à furieuse agitation*, dit Montaigne dans son *Voyage en Italie*. *Fluctibus assurgens*, dit Virgile. Ces trois opinions nous décidèrent à regagner Sermione en toute hâte.

Là, des enfants nous offrirent de petites pierres noires et blanches, comme débris authentiques de mosaïques trouvées dans le château du seigneur Catulle. L'un d'eux, auquel je glissai une pièce de dix sous française, — monnaie partout bien appréciée, me confia, sous le sceau du secret, que les petits carrés qu'il m'avait vendus venaient par caisses en droite ligne de Naples, qui fait un grand commerce d'antiquités dans toute l'Italie.

Il ne nous restait pas assez de temps pour aller

voir de près un petit château-fort tout neuf, avec fossé, herse, pont-levis, tourelles et créneaux, qu'on aurait pu prendre, à distance, pour un décor d'opéra. Le lac continuait à s'agiter, et les mariniers, arborant la voile triangulaire, nous déposèrent bientôt sains et saufs sur le rivage de Dezenzano.

. . . .

BRESCIA

21, 22, 23 juillet.

Le chemin de fer est rétabli. Nous sommes logés dans une fabrique d'ornements d'église. Est-ce une aimable plaisanterie de la municipalité ?

. . . .

CHIARI

24 juillet.

La musique militaire a donné un concert sur la place. La ville m'a laissé une agréable impression, bien qu'elle n'ait rien de particulièrement remarquable. Je suis entré dans l'église, où trois jolies statues de marbre sont chargées de représenter les Vertus théologales.

L'une d'elles me frappa. Elle avait l'épaule ronde, le bras nu et le minois fripon d'une soubrette du siècle dernier. Sa robe était irréligieusement décolletée, et le statuaire avait chiffonné sa jupe de marbre comme si elle avait causé avec Faublas. Evidemment, cette originale allégorie ne pouvait être que la *Charité*.

TREVIGLIO

25 juillet.

Rien sur mon carnet. Nous partons pour *Milan*.

SÉJOUR A MILAN

Du 26 juillet au 13 août.

Nous sommes installés à Milan sur le cours de la Porte Orientale. C'est le plus beau quartier de la ville. Le palais qui nous a été désigné est une de ces charmantes habitations italiennes, avec leurs jardins ombreux, leurs fontaines jaillissantes et leurs galeries aux frêles colonnades, où courent les lianes et les fleurs grimpantes. Il appartient à une vieille dame, qui l'habite seule avec sa petite fille. Celle-ci s'appelle Stellina. C'est elle qui nous a reçus et conduits à nos chambres. « Vous êtes mon voisin, » m'a-t-elle dit en me montrant la mienne, ornée d'un balcon donnant sur le jardin.

Mademoiselle Stellina est une jeune fille de quinze ans, de taille moyenne, et dont les traits rappellent un peu la statue de la tragédie qu'on voit à la Comédie-Française. Elle a l'œil vif et languissant des créoles, le teint pâle et mat avec des tons d'ambre sur le front et les joues, le nez busqué, la bouche vermeille, la taille souple et cambrée, les épaules grasses, le bras bien moulé, le pied mignon, et les plus adorables petites mains qu'on puisse voir. Elle parle bien le français, qu'elle entrecoupe souvent d'interjections italiennes.

Le troisième jour de mon arrivée, j'étais appuyé sur le balcon de ma chambre, lorsque je l'aperçus nonchalamment étendue sur une espèce de lit de repos, le corps reposant sur des oreillers, à l'ombre de six petits platanes plantés en quinconce au milieu du jardin.

Elle regardait de mon côté, j'inclinai la tête et elle me fit signe de descendre, du bout de l'éventail blanc, garni de plumes, qu'elle tenait à la main.

Je traversai la cour et je poussai la grille, qui mit en branle une petite sonnette dont les vibrations duraient encore quand je me trouvai en face de mademoiselle Stellina.

Sur son invitation, je m'assis en face d'elle.
Elle me demanda pourquoi je n'étais pas sorti.
Je lui répondis qu'il faisait trop chaud.

— Vous n'êtes donc pas curieux? dit-elle.
— Au contraire, mademoiselle, je suis très-curieux.
— Êtes-vous déjà venu à Milan?
— Deux fois : le jour et le lendemain du combat de Melegnano.
— La ville vous plaît-elle?
— Beaucoup.
— Pas autant que Paris, le grand Paris?
— Non, pas autant.
— Ah! Paris! dit-elle avec un soupir... Milan ne ressemble pas à Paris?
— Milan ressemble plutôt à Versailles. Cependant il y a un passage, en face du café de l'Europe, qui ressemble un peu au passage Choiseul.
— Il est à Paris, le passage Choiseul?
— Oui, signorina.

— Et M. de Lamartine est à Paris aussi?

— L'hiver.

— Je lui en veux beaucoup.

— Et pourquoi, je vous prie?

— Parce qu'il nous appelle dans ses vers « *le peuple des morts.* »

— En effet, il l'a dit dans un vers qui lui a valu un duel avec un colonel italien.

— Vraiment! je l'ignorais.

— Et M. de Lamartine a été blessé.

— Alors je lui pardonne de tout mon cœur. Je voudrais bien le voir... Dites-moi, pourquoi y a-t-il des zouaves dans la cour?

— C'est la garde du trésor.

— J'adore les zouaves. Imaginez-vous que grand'maman ne m'a pas permis de me promener en voiture dans la ville avec des zouaves... Toutes les dames de Milan en avaient un... c'était la grande mode pendant huit jours.

Une vieille femme, qu'elle appelait *nourrice*, apporta des glaces sur un plateau et se retira.

— Quand vous n'aurez rien à faire, dit-elle en

me tendant une cuiller plate, voudrez-vous me tenir compagnie?

— Rien ne saurait m'être plus agréable.

— Cela me fera un grand plaisir. Grand'maman garde la chambre toute l'année, et je suis seule à la *casa* avec ma vieille nourrice et ma camériste... Ah! vous ne savez pas comme je m'ennuie, abandonnée ici.

— Il y a pourtant bien des remèdes contre cette maladie-là.

— Lesquels, je vous prie?

— La lecture, la musique, les visites, la promenade...

J'allais dire l'amour, mais je m'arrêtai.

— On ne peut sortir que le soir, avec notre soleil, et je n'ose pas sortir seule.

— Vous avez des amies?

— Je n'en vois plus aucune.

— Y aurait-il de l'indiscrétion à vous demander pourquoi?

Elle sourit.

— Vous ne devinez pas?

— Non, signorina, je ne devine pas.

— C'est depuis l'arrivée des Français. Je reçois bien quelquefois des visites, mais elles sont si rares !... Le matin, je vais au bain, l'après-midi, je dors; quelquefois je fais de la musique, je lis un peu, je parcours vos journaux, ou je viens me reposer ici en prenant des glaces. Mais j'ai beau faire, je meurs d'ennui, et la Scala est fermée.

— Alors, signorina, il n'y a plus de remède.

— Je le sais bien... Dites-moi... que signifie en français le mot *Givaudan*, que vous criez dans l'escalier en sortant ou en rentrant?

— Givaudan est le nom de mon ordonnance.

— Qu'est-ce qu'une ordonnance?

— On appelle ordonnances les soldats attachés à la personne des officiers.

— Ah! il s'appelle Givaudan; je suis bien aise de le savoir; c'est un brave garçon que M. Givaudan.

— Vous le connaissez?

— Parfaitement. Je lui ai même adressé beaucoup de questions sur vous,

— Givaudan est discret, mademoiselle.

— Pas trop.

— Et que vous a dit Givaudan, signorina ?

— Il ne m'a dit que du bien de vous.

Je réfléchis alors que si Givaudan avait été un grand diplomate, il aurait adopté le système contraire.

Elle reprit :

— Avez-vous des nouvelles de M. Marc ?

Givaudan avait parlé de mon ami Marc, qui était à Venise depuis huit jours. C'était son deuxième voyage.

— Oui, mademoiselle. Il arrivera ce soir ou demain. J'ai reçu une lettre où il me dit que Venise est déserte et ressemble à un cimetière inondé.

— Pauvres Vénitiens ! ajouta-t-elle d'un ton presque indifférent.

— J'espère, signorina, qu'ils ne perdront rien pour avoir attendu leur liberté un peu plus tard que les Milanais.

— Et vous ? me dit-elle en entamant une glace,

comment passez-vous votre temps ? Vous ennuyez-vous ?

— Je n'ai pas encore eu le temps de m'ennuyer.

— Racontez-moi ce que vous avez vu ?

— La cathédrale, d'abord.

Elle étouffa un bâillement.

— Ah ! oui, la cathédrale... C'est bien beau, la cathédrale, et ensuite ?

— Le palais Bréra et la Bibliothèque Ambroisienne.

— Vous avez vu les cheveux blonds de Lucrezia Borgia ?

— Oui, mademoiselle, et ses lettres autographes au cardinal Bembo.

— Aimez-vous les cheveux blonds ?

— Oui.

— Moi, j'ai le malheur d'avoir les cheveux noirs.

— Ils sont très-beaux, signorina.

— Je voudrais être blonde... Avez-vous visité le Palais royal ?

— J'y ai passé une après-midi.

— Vos palais de France sont-ils aussi beaux que les nôtres ?

— Quelques-uns sont aussi beaux, mais ils sont moins nombreux. Bien des rois n'ont pas le luxe des simples seigneurs italiens.

— Irez-vous faire une excursion au lac de Côme ?
— J'attends Marc, qui me servira de cicerone.
— C'est là que Manzoni a placé les scènes de son livre que vous connaissez.
— Oui, mademoiselle, *I Promessi sposi*.

Vers cinq heures, je pris congé d'elle en lui demandant la permission de revenir. Elle me dit qu'elle serait tous les jours au jardin, de deux à six heures, ou chez elle, dans le salon.

Quand je sortis, la sonnette de la grille fit encore entendre son interminable carillon.

— Voilà la plus désagréable clochette de la *Lombardia*, dit-elle en m'accompagnant. A demain, signor ?
— A demain, et merci, signorina.

Le lendemain, il était dix heures lorsque Givaudan entra tout essoufflé dans ma chambre.
— Monsieur Marc, monsieur !

Marc entra et me donna l'accolade des troupiers.

— Je suis aise de vous voir, lui dis-je.
— Moi aussi. Vous êtes à Milan pour une vingtaine de jours ?

— Oui.
— Nous repartirons ensemble.

Il prit mon grand *memento* rouge, ouvert sur la table, et lut :

« Ce matin j'ai visité la cathédrale agenouillée dans sa robe de marbre, avec son peuple de statues et sa forêt de campaniles, à laquelle chaque siècle apporte son tribut et ses artistes pour continuer dignement l'œuvre des Visconti, dont l'un a donné une montagne de Carrare et l'autre 700,000 écus d'or. »

— Est-ce que vous faites un Guide ? interrogea Marc en feuilletant le livre.
— Dieu m'en garde !
— C'est que votre phrase est tout à fait ridicule. Si vous imprimiez des choses pareilles, je

me brouillerais avec vous. Je n'ai pas besoin de vous demander si vous avez vu l'esquisse de l'école d'Athènes, les cartons de Michel-Ange, les manuscrits de Léonard de Vinci, le Koran dans une tabatière de cuivre, les cheveux de madame Lucrèce Borgia, le Virgile annoté par Pétrarque, les Titien, les Véronèse, et cætera.

— Sacrebleu, Marc, si je fais des Guides, vous ne vous gênez pas pour les réciter !

— Parlé d'or... Où mangez-vous ?

— Je déjeune généralement à Canetta, je dîne à droite et à gauche : à Cova, à Saint-Marc, à Rebecchino, et je vais au café de l'Europe ou de l'Académie.

— Très-bien ; vous connaissez Milan. Vous savez que le roi arrive le 8 ?

— Oui.

— Nous aurons deux journées bien remplies.

— Ah !

— L'entrée triomphale du roi, l'illumination du dôme, qu'on ne voit guère qu'une fois par siècle, la ville pavoisée et éclairée *à giorno*, la promenade aux flambeaux sur le Corso, un *Te Deum* à la cathédrale et deux représentations à la Scala. Ce sera magnifique.

— En effet... Où demeurez-vous ?

— Au diable... près de l'Arc de la Paix, sur la place des Arènes. Allons à Canetta, nous causerons.

— Avez-vous une aventure à me conter ?

— Oui, mais elle est longue.

Canetta est le plus beau café de Milan. On y déjeune à la française et les glaces y sont aussi exquises qu'à la *Concordia* de Gênes. L'intérieur du bâtiment est occupé par un immense jardin planté de grands arbres.

Le café pris et les cigares allumés, je priai Marc de me raconter son aventure.

HISTOIRE D'AMOUR

Il commença :

En arrivant à Milan, j'étais descendu à l'hôtel de la Ville, sur le cours Saint-François, et en montant l'escalier pour aller me coucher, j'aperçus, sur le palier du premier étage, une grande affiche aux couleurs nationales qui portait ces mots en lettres capitales :

DEMAIN MERCREDI

GRAND BAL A LA PORTE ORIENTALE

Donné en l'honneur de l'Armée française.

et finissant par ceux-ci :

Prix d'entrée : 1 franc.

VIVE LE ROI !

Le lendemain, vers neuf heures du soir, je me rendis à l'endroit désigné sur l'affiche, et je pénétrai dans une salle décorée de vieilles tentures et de drapeaux flétris, où se trémoussaient des sergents et des caporaux de toutes les armes avec les jolies petites filles de Milan. J'allais sortir du bal, lorsqu'en faisant le tour de l'enceinte, regardant à droite et à gauche, je restai immobile de surprise et d'admiration.

— Diable, Marc!

— Ne riez pas, mon ami. Imaginez la plus adorable, la plus gracieuse, la plus virginale tête de jeune fille : deux grands yeux bleus et vagues, un front bombé, large et pur avec des teintes de nacre comme celui d'un enfant, une bouche grasse, timide et pensive, un nez aux narines fines comme du papier de soie, palpitantes comme des ailes de papillon, des dents blanches comme des amandes fraîches, des veines bleues courant sur les tempes sous l'épaisseur d'une peau blanche et lumineuse, et par-dessus tout cela, une de ces chevelures opulentes, une de ces chevelures vénitiennes aux masses épaisses, largement ondées, qui roulait et foisonnait en flots d'or bruni sur des épaules éclatantes.

— Marc, vous m'étonnez.

— Ah! vous ne l'avez pas vue! Dès que je l'aperçus, je me dis que ce serait folie de ne pas perdre une semaine de mon temps pour seulement revoir cette tête blonde, ne fût-ce qu'une minute. Elle était assise sur un divan déchiré, à l'angle d'un enfoncement pratiqué vers le milieu de la salle, vêtue d'une robe d'été blanche à fleurs d'un violet pâle, le corsage ouvert laissant voir la naissance des épaules. Sa tête droite se montrait inflexible, supportée par un cou d'une pureté de lignes à ravir les sculpteurs. Sous les larges manches flottantes de sa robe, on apercevait ses bras nus, à peine modelés, des bras de jeune fille : elle avait à peine dix-sept ans.

— Marc, Marc!

— Oui! Marc, Marc! tant qu'il vous plaira; mais voilà la première fois qu'il m'arrive d'en parler, et rien que le souvenir de cette enfant me donne une fièvre d'artiste. Non, jamais Raphaël, Murillo, jamais le Corrége n'ont rêvé un type de vierge... Non, vous ne pouvez pas savoir comme elle est belle.

— Continuez, Marc.

— J'étais resté là en extase pendant cinq minutes. Je m'assis à côté d'elle, un peu ému, je l'avoue, et je lui dis en italien :

— Pourquoi êtes-vous venue ici, et que faites-vous dans ce bal vulgaire?

Elle se retourna de mon côté, m'examina avec ce regard froid et tranquille qui n'appartient qu'aux vierges ou aux courtisanes, et reprit sa pose sans me répondre.

A ma gauche était une petite femme maigre d'un certain âge, qui n'attendit pas mes questions pour parler. C'est elle qui l'avait amenée, et au bout d'un quart d'heure, j'étais au courant de l'histoire de la jeune fille. Elle était venue ce soir-là au bal pour la première fois avec sa sœur, en cachette de leur père, qui vend de la ferraille dans un faubourg. Son nom est Juliette, et elle est dans un asile de charité, où elle s'occupe, de huit heures du matin à six heures du soir, à débarbouiller et à apprendre à lire aux gamins de la dernière classe. Cet asile est situé sur la place San-Piétro, près de la porte Romaine, et elle gagne là sa nourriture et quinze sous milanais par jour, c'est-à-dire dix sous de notre monnaie.

— C'est une petite sauvage, ajouta ma voisine; essayez de lui parler en français; elle aime beaucoup cette langue, qu'elle a apprise toute seule.

Une marchande de fleurs parcourait la salle

dans l'intervalle des danses, vendant des petits bouquets composés d'œillets blancs et de roses mousseuses avec leurs feuilles, formant ainsi les couleurs du drapeau sarde. Je l'appelai, je choisis un bouquet et je l'offris à la jeune fille en l'appelant par son nom. Elle le prit sans rien dire, entr'ouvrit le corsage de sa robe et le fit disparaître.

Ma voisine de gauche me toucha l'épaule et me dit à l'oreille :

— Elle vous aime.
— Vous croyez?
— Je vous dis qu'elle vous aime. Une Italienne qui reçoit ainsi un bouquet dit qu'elle aime. Je suis l'amie de Juliette, et vous pourrez la rencontrer tous les soirs chez moi, *strada Rebecchino*, n° 58, *rouge*, madame Variani, *modista*, tient gants et parfumerie, et sera fière d'avoir l'honneur de servir Votre Excellence.

Son chapelet terminé, j'aperçus un volontaire de Garibaldi qui invitait Juliette à danser.

Elle refusa.

— Vous ne voulez pas danser? lui dis-je.

— *No.*

— Voulez-vous prendre une glace au jardin?

— *Si,* répondit-elle en se levant

— Pourquoi ne m'avez-vous pas répondu quand je vous ai parlé tout à l'heure?

— *Non so.*

— Et pourquoi ne vous exprimez-vous pas en français, puisque vous le connaissez?

— Je parle mal, répondit-elle en rougissant.

— La nuit est belle, dis-je le nez en l'air.

— Elle est pleine d'étoiles.

— Voulez-vous faire le tour des promenades de la ville en voiture avec moi?

— Oui, signor; mais il faut que je revienne ici à quatre heures du matin chercher ma sœur.

— Je vous ramènerai. Il n'est que onze heures.

— Je vais la prévenir.

Quelques instants après, nous roulions sur le Corso désert. Jusqu'à la porte Neuve, je regardais le ciel pur sur lequel les arbres se détachaient en masses noires et nous gardions le silence.

J'éprouvais une impression singulière, et je me

sentais aussi lâche devant cette belle enfant qu'un collégien de rhétorique. Chaque fois que je voulais lui parler, je débitais des phrases poétiques à perte d'haleine. Cette émotion me rajeunissait, et depuis longtemps je ne l'avais pas éprouvée. Je le lui dis en prenant sa main tiède et molle entre les miennes, lui demandant pardon de mes tirades ridicules, et la priant de ne pas me juger avant de me connaître mieux.

— Signor, dit-elle sans retirer sa main, je ne vous trouve pas ridicule, mais je crois que je ne vous connaîtrai jamais.
— Pourquoi, Giulietta?
— Parce que je ne vous reverrai plus.
— Vous me défendrez de vous revoir?
— Non. C'est vous qui m'oublierez.

Ici Marc s'interrompit pour me dire : Vous ne me prenez pas pour un fat, j'ose croire, et si je vous conte ces détails, c'est parce que je sais vous faire plaisir.

Je haussai un peu les épaules; il continua :

— Giulietta, lui dis-je, je vous reverrai, et malgré vous, si vous le défendez.

— Vous savez bien que je ne vous le défendrai pas.

Je lui demandai pourquoi elle était venue au bal.

— Ma sœur n'y serait pas venue sans moi, répondit-elle, et je l'ai accompagnée.

De quoi nous avons parlé, je ne m'en souviens plus.

Il était quatre heures du matin, et nous touchions à la porte Ticinèse.

Je dis au cocher de nous ramener à la porte Orientale.

Avant de la quitter, je lui demandai un rendez-vous.

— Trouvez-vous, me dit-elle, ce soir, à six heures, sur la place San-Pietro. Quand vous me verrez sortir de l'asile, qui est près de l'église vous me suivrez, mais vous ne me parlerez que près du grand canal.

Le lendemain, à cinq heures et demie, je pris une voiture fermée et je dis au cocher : Conduis-moi sur la place San-Pietro, et arrête-toi devant l'asile de Charité. L'ordre donné, je m'enfonçai dans un coin, rêvant à ma vierge du Corrége. La voiture s'arrêta, et au moment où je mettais la tête à la portière pour voir où j'étais, j'entends des voix confuses, des pas, des allées, des venues, des fenêtres qui s'ouvrent, des portes qui se ferment, un tapage, une petite révolution. Les voix disaient : « *Presto, presto!* ce sont les docteurs français qui viennent visiter la maison. » — Cocher, criai-je, à la porte Romaine, et au galop! — La voiture roula. Il était temps ; mon imbécile de cocher m'avait fait entrer dans la deuxième cour intérieure de l'asile, où l'on attendait probablement une visite des médecins de l'armée. Une fois sur le chemin de la porte Romaine, je fis tourner bride et je vins stationner sur la place, auprès de la baraque d'un marchand de pastèques en plein air.

Je regardai l'heure au cadran de la vieille église en briques rouges qui était d'un bel effet aux rayons du soleil couchant. Six heures allaient sonner. Au bout de deux ou trois minutes, je la vis apparaître sous la grande porte de l'asile, tenant un de ses bambins par la main. Après avoir jeté un regard lent et circulaire sur la place, elle tira son mouchoir et moucha le gamin. Elle s'agenouilla ensuite devant lui et arrangea les plis de sa robe, regardant toujours.

Elle me croyait en retard et voulait gagner du temps.

Je vis bientôt sortir tous les enfants de l'asile, qui défilaient sous la voûte, deux à deux par rang de taille, et prenaient leur volée sur la place en poussant des cris. Elle s'était rangée de côté pour les laisser passer, et je la regardais par l'écartement du store baissé. Quand elle eut ainsi attendu quelques minutes, elle baissa la tête, traversa lentement la place en droite ligne avec le bambino, et s'arrêta devant la boutique du marchand de pastèques.

Elle était si près de moi que j'aurais pu l'atteindre en allongeant le bras. Je ne sais quel lâche plaisir je ressentis en voyant son œil bleu se voiler et deux grosses larmes rouler sur ses joues.

— Juliette! lui dis-je à voix basse.

Elle poussa un petit cri et lâcha la main du *bambino*, qui s'éloigna en mordant à pleines dents dans la tranche de pastèque qu'elle lui avait achetée. Puis elle suivit la rue conduisant au canal intérieur qui forme ceinture autour de la ville.

Je descendis de voiture et je la suivis à vingt pas de distance. Elle portait l'uniforme de l'asile, c'est-à-dire une robe à carreaux bleus et blancs. Sur ses épaules tombait à grands plis le gracieux *mezzaro* noir des Milanaises, et ses cheveux miroitaient au soleil à travers la dentelle. Dès qu'elle tourna l'angle du canal, je m'approchai d'elle en lui offrant mon bras.

Le sien tremblait.

— Venez avec moi, Juliette.
— Je ne puis aller avec vous ce soir, et il faut que j'assiste à l'office dans la chapelle de l'asile.
— Manqueriez-vous l'office, si je vous le demandais?
— Oui, mais ne me le demandez pas. Demain,

tous les jours, je sortirai avec vous à la même heure.

— A demain, alors.

— A demain. Ne vous mettez pas en retard.

— Vous voyez que je suis très-exact.

— Oui, j'ai eu bien peur, je vous assure, en ne vous voyant pas. Adieu, à demain.

Je la vis s'éloigner.

Le lendemain, à quatre heures, mon père me fit avertir que nous dînions chez le maréchal à cinq heures. Le rendez-vous était manqué. Je pensai qu'elle attendrait au lendemain avant de m'accuser, et je m'habillai d'assez mauvaise humeur.

Le jour suivant, j'étais dans l'après-midi au café de l'Europe, lorsque mon ordonnance vint à moi et me remit une lettre. Je lui demandai qui l'avait apportée. Une jeune demoiselle, me répondit-il.

Jamais lettre ne m'a causé une pareille surprise. C'est Juliette qui m'écrivait. Je ne lui avais dit ni mon nom, ni ma demeure, et en quelques heures elle m'avait découvert. Tenez voici toutes ses lettres. La traduction est en regard. Lisez-les ; si même elles vous intéressent, prenez-en copie : elles vous diront mieux que moi la fin de cette histoire.

Voici la traduction des lettres que Marc me confia :

A monsieur Marc, à Milan.

« Signor,

« A peine si je vous ai vu quelques heures, et cependant vous ne sauriez croire combien je m'étais attachée à vous. En ne vous voyant pas hier, j'ai passé la nuit à pleurer. Ce matin, je n'ai pas été à ma classe, et je suis allée par la ville, interrogeant tous les officiers que je rencontrais, leur décrivant votre costume et vos manières, comme j'ai pu. Enfin l'un d'eux, qui vous a reconnu, m'a dit votre nom et votre demeure.

« Je ne puis vous faire des reproches, lors

même que vous les mériteriez. Je ne puis pas non plus vous accuser de m'avoir trompée, puisque vous ne m'avez jamais dit que vous m'aimiez. Vous m'avez trouvée belle, cela vous a distrait de me voir quelques heures, et tout a été fini. Je n'ai pas su vous plaire parce que je suis timide, mais je ne sais quoi dans votre air me glaçait, et la première fois que vos yeux ont pesé sur les miens, il m'a semblé que vous me regardiez comme si je ressemblais à quelqu'un que vous aimez. Vous n'avez pas songé que votre fantaisie allait coûter le repos du cœur de la pauvre Giulietta ; si vous aviez eu cette pensée, vous ne m'auriez pas parlé ni emmenée avec vous, car vous n'avez pas l'air méchant, et vos paroles étaient douces. En vous écoutant, je savais que rien de déloyal ne pouvait venir de vous. En vous quittant, j'avais l'âme pleine de la joie de vous aimer.

« Croyez à la sincérité de mes paroles, Marc. Quelle raison aurais-je de vous tromper ? Je sais trop bien que je ne suis pas destinée à être la compagne fidèle et attentive d'un homme comme vous. N'est-ce pas notre loi, à nous autres filles

d'humble naissance, de nous donner entièrement à ceux que nous aimons pour avoir le droit de rester auprès d'eux, jusqu'au jour où leur caprice nous rejette sans colère? Ma mère, qui est morte, m'a dit avant d'aller à la Madone : « Donne-toi
« à celui que tu aimeras, plutôt que d'épouser
« celui que tu n'aimes pas. »

« Est-ce que je ne vous verrai plus, Marc? Vous ai-je irrité sans le savoir? Qui vous a empêché de venir comme vous l'aviez promis?

« J'irai tous les soirs, à six heures et demie, près de l'arc de la Paix, voisin de votre demeure, et je vous y attendrai. Mais si vous ne m'aimez pas, si je n'ai pas une place choisie dans votre cœur, ne venez pas. J'aime mieux votre silence que votre pitié. Je suis Italienne, et j'ai l'orgueil de mon amour.

« Adieu, Marc ; je vous aime plus que tout ce qu'il y a dans le monde.
« Giulietta. »

Au bas de cette lettre, il y avait encore les lignes suivantes, écrites à la hâte :

« Ne m'écoutez pas, Marc ; venez quand même vous n'auriez pas d'amour pour moi. Je veux vous voir. Vous viendrez ce soir, n'est-ce pas ? »

A Monsieur Marc, à Milan.

« Caro, ne viens pas ce soir. On m'espionne, et nous serions suivis. J'irai te voir. Dis à ton soldat d'être au canal et de veiller sur moi.

« Giulietta. »

A Monsieur Marc, à Venise (1).

« C'est bien vrai, tu reviens samedi, n'est-ce pas ? Je serai libre dimanche toute la journée après la messe. Depuis que tu es parti, le jour *je te pense*, la nuit *je me rêve de toi*. Il me semble que tu es pauvre, et que je t'aime encore *plus davantage*. Reviens vite, que je te donne tous les

---

(1) Cette lettre était écrite en français.

baisers que j'ai économisés. Je prie la Madone qu'elle te garde des accidents de voyage.

« Juliette. »

A Monsieur Marc, à Milan.

« Marc, mon cher Marc, c'est ta Juliette qui a manqué au rendez-vous. Depuis huit jours je suis comme folle. Le soir du dernier jour où je t'ai vu, on est entré dans ma chambre, et on a pris par violence tes lettres sur ma poitrine. Je me suis défendue longtemps, et c'est quand j'ai été sans force qu'on les a eues. J'ai dit que c'étaient des lettres d'un officier français, et qu'il saurait me venger d'une pareille lâcheté. On n'a pas osé les lire et elles m'ont été rendues. On m'a enfermée dans une chambre, toute seule, et je dois en sortir dans un mois. Je n'espérais plus pouvoir te donner de mes nouvelles, lorsque hier deux officiers sont passés sous ma fenêtre. Je les ai appelés et je leur ai jeté cette lettre qu'ils m'ont promis de te remettre aujourd'hui même.

J'ai encore trois semaines à passer ici, mais j'espère te revoir avant. A bientôt, je t'aime.

« Giulietta. »

— Est-elle sortie? dis-je à Marc en lui rendant ses lettres.
— Oui, depuis deux jours.

Il était quatre heures quand je quittai Marc, qui me raconta aussi les détails de son voyage. Mademoiselle Stellina m'attendait au jardin en prenant des glaces. La sonnette avait été cotonnée.

— Vous êtes en retard, me dit-elle.

— Veuillez m'excuser, signorina. Il y avait plus d'un mois que je n'avais vu Marc.
— Ah! c'est chose toute simple : il est votre ami... Prenez donc une glace... Dites-moi, monsieur, pourquoi ne me faites-vous pas la cour?

A cette interpellation, j'avalai de travers la glace qui fondait entre ma langue et mon palais, et je fis une abominable grimace.

Elle gardait le silence, attendant ma réponse.

— Pourquoi je ne vous fais pas la cour? dis-je.
— Oui, pourquoi? Est-ce que je suis laide?
— Ah! signorina...
— Sotte?...
— Signorina...
— Méchante?
— Mais, signorina...
— Pourquoi, alors?... Expliquez-vous.
— A vous dire franc, je n'y avais pas encore pensé, mademoiselle ; mais, à partir de ce moment, vous pouvez me considérer comme un homme parfaitement amoureux.

Elle reprit :

— Je suis étonnée que vous ne m'ayez pas encore fait la cour, parce que tous les officiers qui ont logé ici m'ont aimée.
— C'est très-naturel, signorina.
— Vous vous moquez de moi.
— Je vous assure que non. Et combien avez-vous fait de passions?
— Cinq.

— Voulez-vous me les raconter?

— Oui. Le premier avait une grosse moustache grise. Je lui ai dit que je n'aimais pas les moustaches et je l'ai supplié de couper la sienne.

— Il a obéi?

— Hélas! non. Il m'a dit qu'il se battrait bien pour moi, mais que, dans l'artillerie, on était forcé d'avoir une moustache. J'ai jugé qu'il m'aimait moins qu'elle, et cela m'a désolé. Vous comprenez?

— Parfaitement. Et le deuxième?

— Le deuxième était un jeune homme. Il est resté trois jours à la maison. Il m'avait promis de m'écrire.

— Et il ne vous a pas écrit?

— Si; mais je ne lui ai pas répondu.

— Très-bien, signorina. Et le troisième?

— Il était vieux et laid. Je me cachais quand il rentrait. Il a dû bien souffrir... car il m'aimait

— C'est trop naturel... Et le quatrième?

— Celui-là passait toutes ses matinées au balcon d'une dame qui demeure près d'ici. Je lui ai défendu d'y retourner, et il a cessé d'y aller.

— Et le cinquième?

— Un monstre.

— Comment cela, un monstre?

— Oui, gros comme la tour de Pise.

— Je vois que vous n'aimez pas les gens gras.

— Fi donc! Et la pipe à la bouche du matin au soir... Je lui ai dit que je l'aimerais s'il voulait maigrir.

— Il a maigri, sans doute?

— Je l'ignore. Il est parti le lendemain de son arrivée. Il m'appelait sa colombe.

— Je vois, signorina, que votre cœur est d'un accès difficile.

— Oh! non, je vous assure, non. Je voudrais bien aimer quelqu'un pour voir si je serais comme mes amies. Si vous les voyiez pleurer quand les officiers s'en vont! Comme elles sont heureuses de pleurer! Moi, je pleure, mais je m'ennuie, je n'aime personne, et personne ne m'aime.

— Bien, soyez tranquille, je vais vous aimer, signorina.

— Ce n'est pas vrai.

— Si.

— Vous ne m'aimerez pas comme je veux.

— Dites-moi seulement ce que vous voulez. Je ne suis pas gras, je n'ai pas de moustaches et j'essayerai de vous plaire.

— Je veux que vous n'aimiez que moi, que vous ne sortiez pas sans ma permission, et que vous fassiez tout ce que je voudrai.

— C'est facile, signorina.

— Non, ce n'est pas facile.

— Essayez.

— A quelle heure dînez-vous?

— A sept heures.

— Je veux que vous dîniez à dix heures ce soir.

— Très-volontiers.

— Vous serez de retour à onze heures?

— Avant. Je mangerai vite.

— Vous ne vous coucherez pas.

— Je penserai à vous.

— Nous verrons.

A sept heures, mon estomac criait famine. Au bout d'une demi-heure, l'accès était passé et je ne pensais plus à manger. Pour calmer l'horreur de ma situation, la gracieuse et fantasque enfant me conduisit au salon, où elle se mit au piano. A dix heures, elle me donna sa main à baiser et me permit d'aller dîner.

Le lendemain matin, je lui fis passer un billet ainsi conçu :

« Ma gracieuse voisine me permet-elle d'aller
« déjeuner à Canetta avec Marc? Pourrai-je lui
« présenter mon ami ? »

La vieille nourrice me rapporta immédiatement une réponse :

« *Amico mio*,

« Oui, vous pouvez aller déjeuner. Je vous at-
« tendrai à trois heures. Vous me présenterez
« votre ami, mais il nous quittera au bout d'un
« quart d'heure.

« Stellina. »

— Voilà une extravagante petite fille, dit Marc en souriant. Si j'étais à votre place, je déjeunerais à deux heures et je me bourrerais de nourriture comme un canon rayé, dans le cas où elle voudrait renouveler l'expérience de vous faire dîner à dix heures.

Je suivis le conseil de Marc, et à trois heures nous pénétrions dans le jardin en riant comme des fous. A trois heures et quart, Marc fut congédié.

Une fois seuls, elle me regarda :

— Vous êtes bien gai, signor?

— En effet, Marc aussi.

— J'ai été cruelle hier soir envers vous.

— Au contraire, signorina, vous m'avez fourni une occasion de vous montrer mon obéissance et mon grand désir de vous plaire.

— Et vous êtes prêt à dîner encore ce soir à dix heures?

— Je sens qu'à la rigueur je pourrais même me passer de dîner.

— Non, une épreuve m'a suffi, et je veux vous récompenser.

— Le sacrifice ne vaut pas une récompense.

— Vous avez déjeuné ce matin à neuf heures, comme à votre ordinaire?

— Oui, signorina.

— J'ai fait préparer une collation : venez vous mettre à table.

Je sentis un petit frisson me courir dans la tête, et il me prit une folle envie de rire. Cependant je me contins :

— Signorina, dis-je, j'ai l'habitude de ne jamais manger avant sept heures.

— J'exige que vous mangiez. Quand on a déjeuné à neuf heures, on doit avoir faim à trois heures et demie. Venez.

Je me sentis perdu.

En arrivant à la salle à manger, je me trouvai en face d'une table chargée de plats et de fruits.

Elle me fit asseoir en face d'elle et me servit le quart d'un pâté.

— Signorina, lui dis-je d'une voix suppliante, j'ai la tête lourde comme du plomb, et je suis dans l'impossibilité la plus absolue de faire honneur à ce pâté.

— Signor ?
— Signorina ?

— Je gage que vous étiez à table il n'y a pas une heure?

— Vous avez gagné. Je dînais.

— Votre franchise me plaît. Vous êtes-vous couché hier soir?

— Oui.

— Vous avez dormi?

— Comme une toupie d'Allemagne.

— Vous ne m'aimez pas. Retournons au jardin.

Un orage se préparait dans mon ciel amoureux.

— Vous ne m'aimez pas, dit-elle en frappant du pied.

— Non.

— Comment! non?

— Non, je ne vous aime pas.

Elle se leva sans mot dire et sortit du jardin. Je mis ma grande tenue et sortis aussi; mais, cette fois, sans demander la permission.

Je retrouvai Marc au café de l'Europe.

— On vous a donc permis de dîner? me dit-il en m'apercevant.

— Pas du tout, on m'a mis à la porte.

En quelques mots il fut au courant de l'histoire.

— A propos, me dit-il, nous allons demain au lac de Côme?
— Oui.
— Je serai chez vous à quatre heures du matin. Prenons une voiture et allons faire un tour au Corso.

Vers huit heures, Marc me déposa à ma porte et s'éloigna. Les accords du piano de mademoiselle Stellina m'arrivèrent aux oreilles, et je sonnai à sa porte dans l'intention de demander mon pardon.

La nourrice vint m'ouvrir.

— Puis-je donner le bonsoir à la signorina Stellina?

La nourrice disparut et revint avec un billet ainsi conçu :

« Je ne suis pas d'humeur assez gracieuse pour vous recevoir. Venez demain.

« STELLINA. »

J'écrivis au bas :

« Demain, je fais une excursion au lac de Côme avec Marc.

« *Felice note, Signorina.* »

La porte se referma et je regagnai ma chambre.

Le lendemain, à cinq heures, le chemin de fer nous conduisait à Côme, et à sept heures nous étions à bord du petit vapeur qui dessert le lac. Je revins fort tard à Milan, et en entrant dans ma chambre, je trouvai le billet suivant, qu'on avait glissé sous ma porte :

« Il faut que je vous parle demain matin au jardin.

« Stellina. »

Ne me sentant pas en humeur de dormir, je pris une plume et j'écrivis, encore sous le charme, les notes suivantes à un ami :

LE LAC DE COME

« Milan, 6 août.

« Mon cher ami,

« Quand vous viendrez à Milan, comptez au nombre de vos principaux devoirs d'aller faire une excursion au lac de Côme. C'est un de ces paradis terrestres comme en rêvent les amoureux, au ciel éternellement bleu, à l'air embaumé, aux eaux vertes, limpides et profondes. Sur ses bords s'étagent en amphithéâtre des montagnes et des collines verdoyantes. A leur base se groupent les villages aux maisons blanches, dont les noms harmonieux sont doux à l'oreille comme ceux de la Grèce. D'espace en espace, enfouies dans leurs nids d'oliviers, de citroniers et de lauriers blancs et roses, les villas baignent leurs pieds de marbre dans ses eaux qui réfléchissent les frêles colonnades. Par-ci par-là, une petite barque à la voile latine, penchée comme l'aile blanche d'un albatros, glisse sur le miroir du lac, tantôt éclairée par le soleil, tantôt noyée dans les grandes zones d'ombre.

« A sept heures du matin, vous serez à Côme, l'ancien quartier général de Garibaldi. Il y a une église du Bramante qui est magnifique et qui serait encore plus belle, si la veille on n'avait pas bayé aux corneilles devant la cathédrale de Milan — *agenouillée dans sa robe de marbre*, comme disent les Guides.

« Je suis bien persuadé que vous ne tenez pas à savoir que Côme est la patrie des deux Pline. Les deux Pline sont nés à Côme, absolument comme les deux Corneille sont nés à Rouen, à moins que Noël et Chapsal n'aient faussé l'histoire pour nous induire en erreur. On y voit également la statue de Volta, l'homme qui tua le plus de grenouilles et qui fit le plus de calembours de son siècle. Il y a des gens qui ont des statues, et qui n'en ont pas fait autant.

« A propos de grenouilles, vous trouverez dans l'église une vieille femme qui se dira veuve d'un officier français. Elle vous montrera la *Grenouille des Anglais*, moulée en relief sur le bronze d'une porte latérale. Je suppose que cette grenouille est une allusion à la manie de Volta. Voilà Côme. En sortant de l'église, vous vous embarquerez à bord du petit vapeur qui dessert le lac; il vous rappellera la *Frégate-École*. A l'étranger, ces souvenirs m'inspirent une certaine mélancolie. Quand un Français voyage, dit Buckle, il donnerait les spectacles les plus grandioses pour un coup d'œil jeté sur un coin de son bien-aimé Paris. Partout ailleurs, il n'y a pour lui que royaumes de l'Ennui.

« A bord du vapeur, j'ai eu le plaisir de rencontrer un médecin de Milan, auquel j'avais été présenté. Il servait de *cicerone* à un jeune Anglais, et il m'offrit de compléter le triumvirat. Le docteur L... a des passe-partout qui ouvrent toutes les villas. Mais n'admirez-vous pas combien un seul Anglais peut assombrir de sa présence un lac entier? Notez que le lac de Côme a trois branches, en forme d'Y, et onze lieues de longueur.

« Ce qui me frappa le plus, au début de mon voyage, fut une jeune femme assise à l'avant du navire avec une dame de compagnie. Imaginez ce type merveilleux des Italiennes du Nord : de grands yeux noirs pleins de feu, le nez droit, la lèvre rouge, la chevelure opulente, le teint mat comme l'ivoire avec des tons chauds au-dessus des tempes et sur les joues. Elle portait une robe de nankin, à corsage montant, avec un col et des manchettes unies, et un de ces petits chapeaux ronds à bords relevés, sur lequel flottait une touffe de plumes noires à reflets verts. (Si la *vicomtesse de...* trouve ma description défectueuse, j'en serai fâché très-sérieusement.) On voyait que cette jeune femme était souffrante, au cercle d'ambre qui entourait ses yeux, et à une certaine langueur qui se trahissait sous la vivacité de ses mouvements.

« Le navire s'arrêta. Elle se leva, passa fière devant nous, et descendit dans un canot qui l'attendait. La barque s'éloigna et le vapeur reprit sa course.

« — Cette dame paraissait vous intéresser? me dit le docteur.

« — Oui. C'est ainsi que je me figure l'*Edmée* de Mauprat. Vous la connaissez?

« — Elle porte un nom illustre dans l'Italie... Elle se meurt d'une maladie de poitrine.

« En ce moment, nous passions en vue d'un monument qui attira l'attention de tous les passagers. C'était une petite pyramide, bâtie en pierre de taille d'une blancheur éclatante. Ses arêtes triangulaires se découpaient vigoureusement sur le fond vert des coteaux. Elle se trouve tout au bord du lac, élevée au-dessus de son niveau par quelques marches.

« Je lus sur la face qui nous regardait cette inscription en lettres noires :

JOSEPH FRANCK

MDCCCLI

« — Qu'est-ce que Joseph Franck, docteur ?
« — Un médecin.
« — Ah !... Ce nom vulgaire doit être celui de quelque homme de bien, modeste et inconnu, auquel la reconnaissance publique a élevé ce mo-

nument pour perpétuer le souvenir d'une vie d'abnégation et de dévouement?

« — Vous êtes content de votre phrase?... Voici l'histoire de cette pyramide. Le père de Joseph Franck s'appelait Pierre. C'était un érudit obscur, occupé de compilations, et qui a laissé quelques travaux utiles à la médecine.

« — Et Joseph ?

« — Joseph, lui, n'a rien laissé du tout, si ce n'est un testament en bonne forme, où il léguait une somme assez considérable pour acheter ce terrain sur les bords du lac, et construire cette pyramide dont il a dessiné lui-même les plans et l'ordonnance. Les voyageurs tombent généralement dans la même erreur que la vôtre, et la plupart des riverains ignorent sans doute que Joseph Franck n'a pas même habité ces bords où, par un acte de vanité posthume, il étale aux yeux des indifférents un nom indigne de la postérité.

« — C'est pourtant ainsi qu'on perd ses illusions.

« — La date a fourni les initiales d'un acrostiche auquel les armées françaises donneront peut-être un jour l'autorité d'une prophétie :

Milan Deviendra Cité Capitale Centrale Libre Indépendante

« Les Italiens cultivent ce genre d'esprit, et l'employaient même comme un instrument de taquinerie politique contre les Autrichiens.

« L'Anglais du docteur s'ennuie. Il a demandé au capitaine du bord si on pouvait lui procurer une petite tempête de salon.

« — *Lac d'huile*, a répondu laconiquement l'ours marin.

« L'Anglais s'est alors rejeté sur un autre genre de divertissement. Il a demandé si, pour de l'argent, on pourrait lui donner l'émotion d'un homme à la mer.

« — *Vous!* a répondu le capitaine en lui tournant le dos.

« Le bateau s'arrête de temps en temps pour déposer des voyageurs. A chaque pas se déroule un magique panorama. Comme les voyages, la vie n'est qu'un perpétuel changement de décor.

« Voici la villa de *Taglioni*, de la *Pasta*. Voici la *Pliniana*. Entre nous, Pline ne l'a jamais habitée. Elle tire son nom de la fontaine intermittente dont Pline le Jeune a donné la description dans une lettre gravée sur la pierre de la fontaine. Ses villas s'appelaient : *Tragœdia-Comœdia*.

« Je ne sais trop pourquoi on a mis leurs noms sur la toile de l'Odéon.

« Le bateau s'arrête encore, et nous descendons à *Bellaggio*, point de jonction des trois branches du lac.

« Après avoir commandé le déjeuner, notre petite caravane, guidée par le docteur, se dirigea vers les hauteurs de la villa *Serbelloni*, à travers les rues à pic de Bellaggio.

« La villa SERBELLONI n'est pas une villa. C'est un admirable parc, qui couvre à lui seul une colline assez élevée, au sommet de laquelle on arrive par une rampe en spirale construite à pic du côté du lac. L'entretien de ce parc merveilleux coûte une dizaine de mille francs par an. Là, au milieu des plantes et des arbres les plus rares et les plus curieux, vous verrez des lauriers blancs et roses de vingt pieds de hauteur en pleine terre. On s'y promène au sein de la végétation luxuriante des tropiques, où des plantes énormes et bizarres rampent et courent le long des murs comme des reptiles fantastiques. Quand on entre dans la grotte de rochers naturelle, des excavations pratiquées permettent à la vue de découvrir les trois branches du lac, profondément encaissé entre les collines et les montagnes, dont les cimes onduleuses se perdent sous l'horizon. Après une promenade d'une heure, nous sommes redescendus à Bellaggio.

« Tous les habitants de ce village sont tourneurs. Devant chaque porte, on est arrêté par l'élégant étalage de mille bibelots tournés, taillés, ciselés et sculptés en racine d'olivier. J'ai acheté là toute une cargaison d'olives à mettre des chapelets, de porte-montre, de coupe-papier, de petites boîtes, de manches de plumes, de porte-allumettes, d'étuis et de petits joujoux dont la destination est encore un mystère pour moi. Il ne manque qu'une toupie hollandaise pour enrichir cette localité. Les habitants sont industrieux, laissons-les tourner leurs bibelots et ne les corrompons pas.

« Nous voici dans le salon du grand hôtel Genazzini, en train de feuilleter un énorme album, ouvert sur la table à l'improvisation des visiteurs. Des vers d'Hugo, de Musset, de Lamartine, de Byron, de Schiller, des noms de toutes les couleurs, des inepties. Un sergent-major y a étalé son nom au milieu d'un parafe enroulé comme un serpent boa, avec ces mots : *Blessé à Solferino*. Il ne dit pas où. On a ajouté : *Moi, pas.*

« Plus loin : « *Croyez-vous à l'amour?* » En gros :

« — « NON. »

« — « *E vira ce bon monsieur Garibaldi!* »

« — « *J'ai oublié mon carton à chapeau.* »

« — « *Monsieur Genazzini, votre vin est plat,
« il est même cher, mais votre carte est drôle.* »

« — « *Adieu ! adieu !* » — (Qui?)

« — « *C'est ici que Manzoni a placé le début de
« son roman* Promessi sposi. »

« Au bas :

« — « *Il a eu bien tort : on est trop mal couché.* »

« Le docteur écrivit :

« — « *Déjeuner d'amis, 6 août 1864.* »

. . . .

« Un canot nous attendait. Une heure de sieste, une heure de promenade sur le lac, un cigare, un bain délicieux.

« On ne va jamais au Louvre ni au musée de Cluny, mais, à l'étranger, il est tout à fait indispensable de se donner le torticolis pour voir des choses curieuses.

« Par exemple, la villa Sommariva vaut la peine

d'être vue. Voici quelques détails que vous ne trouverez pas dans les Guides :

« Dans la salle d'entrée, on aperçoit à gauche, sur un socle de marbre noir, l'*Amour et Psyché*, groupe original de Canova. Soutenue par le bras de l'amour, Psyché, presque nue, est renversée, la tête rejetée en arrière, la gorge gonflée comme par un sanglot d'ivresse, l'œil noyé, la bouche entr'ouverte. Rien n'est plus chaste, plus pur et plus voluptueux à la fois que ces deux amants qui vont rapprocher leurs lèvres. Psyché, s'abandonnant aux caresses dans une pose pleine de mollesse, est l'idéal de la passion moderne, avec la pureté de la forme et de la grâce antiques. Dans la contemplation de ces deux têtes jeunes et charmantes, penchées l'une vers l'autre, rien n'éveille le désir. On admire.

« Au milieu de la salle est un beau groupe de *Mars et Vénus*, d'Acquisti. A gauche, une *Madeleine au désert*, d'après Canova, et un *Amour aux Colombes* du sculpteur belge Bienaimé.

« Dans les autres salles se trouvent un *Joueur de violon*, de Teniers-David ; — un *Portrait de femme,* de Van Dyck (1629); — un *Portrait d'homme,* de Rubens (1630); — la *Colère d'Achille,* d'Appiani; — et *Virgile lisant le* TU MARCELLUS ERIS *devant Auguste et Octavie* (Roma, 1820), de Ch. Wicar.

« On m'a montré, sur le devant d'une cheminée en marbre blanc, des bas-reliefs qui sont les premiers du sculpteur suédois Thornwaldsen, représentant le *Triomphe d'Alexandre.*

« Eh bien ! cette villa délicieuse, au bord du lac, entourée de jardins merveilleux, somptueusement meublée et pleine de chefs-d'œuvre, a été achetée par le prince de Saxe-Meiningen à la princesse Carlotta de Prusse, pour 800,000 livres d'Autriche, un peu plus d'un demi-million de notre monnaie. Le groupe de Canova les vaut.

« Il y a un lac que je préfère au lac de Côme : c'est le *lac de Garde.* Il a la sévérité d'une matrone romaine ; l'autre est une coquette lascive.

« *Les lacs,* disent les géographes, *sont des étendues d'eau entourées de terre de tous les côtés.*

Cette définition serait plus complète en ajoutant : *et ils inspirent des vers.* »

. . . .

Le lendemain matin, je me rendis de bonne heure au jardin pour obéir au nouveau caprice de mademoiselle Stellina.

— Eh bien! signor, me cria-t-elle du plus loin qu'elle m'aperçut, vous êtes allé au lac de Côme?

— Oui, signorina.

— Et que pensera de cette absence mademoiselle Bichette?

Bichette était le surnom que nous avions donné à la demoiselle de comptoir d'un petit café où nous nous arrêtions souvent le soir pour prendre des glaces. Comment mademoiselle Stellina connaissait l'existence de Bichette, c'est ce que je ne pus jamais bien approfondir.

— Mademoiselle Bichette, répondis-je avec aplomb et fort de mon innocence, se soucie fort peu de moi et de mes excursions.

— C'est ce que je saurai. Jusqu'où êtes vous allé sur le lac?

— Jusqu'à la jonction des trois branches, à la

pointe de Bellaggio. C'est le plus parfumé et le plus délicieux des paradis terrestres.

— Il fallait y rester, riposta mademoiselle Stellina avec un peu d'aigreur. Les Français sont tous les mêmes, ajouta-t-elle enveloppant sa phrase dans un énorme soupir, reproche muet à l'adresse de mes cinq prédécesseurs.

Elle se leva :

— Je vous rends votre liberté jusqu'à demain. Je vais chez une amie pour assister tout à l'heure à l'arrivée du roi.

UNE SOIRÉE A LA SCALA

7 août 1859.

Ainsi que l'avait annoncé Marc, notre journée a été bien remplie : l'entrée du roi Victor-Emmanuel et une représentation extraordinaire à la Scala en l'honneur de l'armée française.

J'ai eu la bonne fortune de visiter le Palais-Royal avec Marc. Tout était préparé pour la réception. Il y avait un encrier sur la table du conseil et des coussins de velours sur le balcon où le roi doit paraître. Une particularité bonne à noter, c'est que l'empereur d'Autriche n'avait rien changé à la disposition du palais; l'aigle noir à deux têtes ouvrait ses ailes vis-à-vis des aigles impériales, et on aurait pu croire que, la veille encore, cette demeure était habitée par Napoléon Ier, roi d'Italie.

A cinq heures, j'étais aux fenêtres de la Casa Busca. A six heures, un coup de canon annonça l'arrivée du roi Victor-Emmanuel. La garde nationale de Milan et la troupe française faisaient la haie sur toute la ligne du cours Oriental et du cours Saint-François. Les cloches sonnaient à pleines volées et les coups de canon se répondaient. Le roi déboucha bientôt par la porte Orientale, précédé et suivi d'un peloton de gendarmes, en simple costume d'officier et monté sur un cheval gris de fer. C'est ainsi qu'il fit son entrée triomphale et solennelle dans sa deuxième capitale.

Dans les voitures qui formaient le cortége, je

reconnus facilement le comte de Cavour aux portraits qu'on voit à tous les étalages des marchands d'estampes. C'était bien là cette physionomie épanouie et souriante, cet œil fin abrité par des lunettes bourgeoises, cette bouche railleuse du diplomate italien qui va continuer la partie. On prête au roi un mot qui mérite d'être rapporté : « *Moi, je suis un soldat et je me bats; le reste regarde Cavour.* »

Le comte de Cavour ressemble à M. Thiers.

Sur le passage du roi, aussi tranquille que ses gendarmes au milieu des acclamations du populaire, les femmes, du haut des balcons pavoisés de drapeaux aux couleurs unies, agitaient leurs mouchoirs et faisaient pleuvoir un déluge de fleurs qui faillit noyer son premier ministre.

Le cortége s'arrêta devant la cathédrale, sur la place du Dôme. Quelques instants après, le roi parut au balcon du Palais-Royal.

. L'affiche de la Scala annonçait pour le soir : *Lucia di Lamermoor*, et un ballet-pantomime en trois tableaux : *Une aventure de carnaval.*

Nous avions fait la veille une excursion au lac de Côme. Selon mon habitude, je me confiais à l'étoile de la France pour trouver un coin dans l'immense salle. Mon Guide m'avait appris que le plus grand théâtre du monde était San-Carlo de Naples et, après lui, la Scala de Milan. Il est humiliant pour notre Opéra de n'avoir qu'un premier accessit. J'avais trouvé le moyen de voir une répétition du ballet, j'avais même mon entrée au théâtre, mais le point important était de ne pas rester dans les couloirs.

La Scala est soumise à une réglementation particulière. A part l'orchestre, toutes les loges sont des propriétés particulières et louées à l'année. Les principaux hôtels ont leurs loges, qu'ils mettent à la disposition des voyageurs; ce soir-là il n'y fallait pas songer. Comme détail particulier, il y a derrière chaque loge de la Scala un cabinet assez spacieux, séparé par l'étroit couloir de circulation, meublé d'un divan, de patères, d'un trépied formant toilette et d'une tablette de marbre pour poser les rafraîchissements. Je préfère ce cabinet aux salons de nos loges, bons tout au plus pour une partie d'échecs. Honni soit qui mal y pense !

J'entre à tout hasard, en compagnie de Marc, qui ne doute de rien. Les cinq étages de loges et la sixième galerie étaient chargés de spectateurs. L'orchestre était massé en bataillon carré. Marc avise un domestique en grande livrée, debout dans le couloir du rez-de-chaussée, devant la porte d'une avant-scène. Il s'approche et lui demande si nous pourrions, par la porte ouverte, voir le coup d'œil de la salle. Le domestique disparaît et, quelques secondes après, nous invite à entrer.

Après un salut, un rapide coup d'œil et un deuxième salut, nous battions déjà en retraite, quand une des personnes de la loge nous pria, en pur français, de nous approcher pour mieux jouir de l'effet vraiment féerique de la salle. Les toilettes, la nacre des chairs nues, les uniformes de toutes les armes chamarrés d'or et d'argent, les épaulettes, les fleurs et les diamants formaient le plus incroyable mélange et le plus bizarre assemblage de couleurs animées papillotant dans la vive lumière du lustre. De cette foule ondoyante et bigarrée s'élevait un sourd et puissant murmure. Après avoir bien regardé tout à notre aise, nous nous apprêtions à présenter nos remerciements et à sortir, quand la personne qui nous avait priés d'entrer nous barra le chemin. Bon gré mal gré, il nous fallut rester prisonniers et occuper les places de l'avant-scène. « Vous êtes les hôtes du duc Litta, nous fut-il dit alors; il est absent pour deuil de famille, et il ne nous pardonnerait pas d'avoir agi contre ses habitudes. »

On nous tendit un carnet sur lequel nous inscrivîmes nos noms.

Avant le lever du rideau, la conversation roula sur le théâtre, qui n'a pas été réparé depuis trente ans et qui est dans un état relatif de délabrement. Parmi nos hôtes se trouvaient, je crois, le préfet de Milan et le secrétaire d'un ministre italien qui nous donna ces détails.

La Lucia fut chantée par un ténor médiocre, un baryton passable et une forte chanteuse suédoise.

— *Forte* est le mot, dit mon voisin.
— Elle est plus grosse que l'Alboni, répondis-je.

Mais ici l'éléphant avait avalé un canard au lieu d'un rossignol.

Pour mon compte, la *Polka milanaise* aurait bien mieux fait mon affaire. Ou je me trompe fort, ou je la trouverai à Paris, orchestrée pour orgues de barbarie. Elle fait fureur. L'origine de cette polka est curieuse. Le thème est emprunté à une vieille chanson très-originale, aussi populaire à Milan que celle de Marlborough à Paris. Elle a de la grâce, de la vigueur et du mouvement. Voici la traduction d'un couplet :

> A quinze ans elle connut l'amour ;
> A seize ans elle s'est mariée !
> A dix-sept ans elle s'est séparée…
> Encore un pas, délices de mon cœur !

Le trait est bien italien. Toutes les jolies filles la savent par cœur.

Par exemple, le ballet était charmant et nous a bientôt fait oublier les tombeaux du quatrième acte de *la Lucia*. Beretta dansait. Après avoir débuté à notre Opéra de Paris, c'est aujourd'hui une des grandes danseuses de l'Italie. Elle a une certaine façon de se tordre les reins qui rendrait jalouse la Petra Camara. La salle croulait littéralement sous les applaudissements. De notre avant-scène, précisément sur le théâtre, dans l'espace compris entre la rampe et le rideau, nous étions bien placés pour ne pas perdre un geste de la pantomime et un mouvement des danseuses. Marc plongeait ses yeux dans une énorme jumelle et semblait être en extase.

Le ballet terminé, la liberté nous fut enfin rendue avec générosité, mais sous la condition expresse qu'en qualité d'hôtes du duc Litta, nous étions tenus de considérer sa loge comme nous étant ouverte pendant toute la durée de notre séjour à Milan.

. . . .

8 août 1859.

Même spectacle qu'hier. Le roi Victor-Emmanuel a assisté à la représentation dans la loge royale qui fait face à la scène, au milieu de la première galerie. Ce soir, il y a eu promenade aux flambeaux sur le *Corso*. La ville semble en feu, tant les illuminations sont brillantes. La cathédrale de marbre blanc est d'un aspect féerique. Le dôme n'avait pas été illuminé depuis le sacre de Napoléon Ier, roi d'Italie. Du pied de l'édifice, on n'aperçoit plus le scintillement des lumières : On dirait une lampe d'albâtre colossale éclairée à l'intérieur.

. . . .
. . . .

Quelques jours s'étaient écoulés sans incidents nouveaux, lorsque Marc m'apporta la nouvelle des ordres de départ, et il fut convenu que nous retournerions à Paris ensemble, par Turin, le mont Cenis et Chambéry.

Dans l'après-midi, au moment où j'allais rejoindre mademoiselle Stellina au jardin, sa vieille nourrice entra dans ma chambre et me pria de la suivre chez la grand'mère de la signorina.

Je trouvai cette dame seule, dans un fauteuil.

— Signor, me dit-elle sans préambule, votre officier-chef est venu me faire sa visite d'adieu et m'a appris que vous partiez demain. Ma petite-fille Stellina est dans un tel désespoir du départ des officiers français qui logent ici, que j'ai pris le parti de m'informer de celui qui occupe sa tête. Il paraît que c'est vous?

Je m'inclinai avec modestie.

— Je vous prie donc de dire à ma petite-fille que vous reviendrez bientôt à Milan et que vous lui écrirez. Au bout d'une quinzaine de jours, elle vous aura oublié comme les autres, et je vous serai reconnaissante de m'avoir évité une scène de désolation qui se renouvelle presque toutes les semaines depuis le commencement de la guerre.

Je promis à la vieille dame ce qu'elle me demandait, et je rejoignis mademoiselle Stellina.

A ma vue, elle se souleva avec peine sur ses oreillers et me tendit, d'un air découragé, sa main blanche, que je baisai comme une relique.

— Est-il vrai? me dit-elle.
— Trop vrai, murmurai-je.

— Vous n'avez pas l'air trop désolé, signor. Voyez-vous comme je suis pâle?

— En effet, signorina, vous êtes pâle.

— Voyez-vous comme je pleure?

— Oui, signorina, vous pleurez beaucoup.

— La pâleur va bien au visage, mais les larmes rougissent les yeux.

— Il faudrait ne pas pleurer.

— Comme vous, n'est-ce pas?

— Est-ce que vous pleuriez ainsi pour les autres officiers? dis-je d'une voix insinuante.

— Certainement. A quelle heure partez-vous?

— A neuf heures du matin. Nous nous reverrons, signorina, et je ne vous dirai pas adieu.

— Tous les Français disent la même chose. Ce sont des volages.

— Je reviendrai pour visiter le reste de l'Italie.

— Quand?

-- Dans deux mois.

— Mais si vous vous mariez en France?

— Je ne me marierai pas.

— Je mourrai de chagrin si vous vous mariez, et ce serait une injure... Ah! voilà ma nourrice qui m'apporte des mouchoirs; j'en ai déjà mouillé huit depuis ce matin.

La signorina Stellina s'essuya les yeux.

. . . .

Le lendemain, à trois heures de l'après-midi, en entrant dans la gare du chemin de fer, je me sentis toucher à l'épaule.

C'était la signorina Stellina, accompagnée de sa nourrice, et le visage enveloppé dans un long mezzaro noir qui lui tombait sur les épaules.

— Tenez, dit-elle en me donnant un flacon de cristal, gardez ce flacon en souvenir de moi. Il est plein des larmes que m'ont fait verser des officiers français.

Elle releva son mezzaro.

— Embrassez-moi, dit-elle, et adieu.
— Au revoir, signorina.

Elle disparut.

Marc m'attendait. Il donnait le bras à la jeune fille qu'il appelait la *Vierge du Corrége*, et qu'il emmenait à Paris.

. . . .

RETOUR

Le soir (13 août), nous dînions à *Turin*, et nous arrivions à *Suze* vers le milieu de la nuit.

Le 14, à trois heures du matin, nous escaladions le *Mont-Cenis*. Le soir nous étions, à cinq heures, à *Saint-Jean-de-Maurienne*, et à une heure du matin à *Chambéry*.

Le 15 au matin, le chemin de fer s'arrêtait à *Culoz*, frontière française.

Mon premier acte, en posant le pied sur le sol de la patrie, fut d'acheter un paquet de tabac des manufactures impériales.

A *Dijon*, vingt-cinq minutes d'arrêt, j'achetai un numéro du *Figaro* avec enthousiasme.

Enfin, vers neuf heures du soir, j'étais à *Paris*.

J'aperçus les illuminations, et les arcs de triomphe sous lesquels l'armée avait défilé la veille.

Ici s'arrête mon *Carnet de campagne*.

C'est une partie à recommencer.

FIN

TABLE

Au lecteur.	3
Itinéraire.	7
ITALIAM (*Paris. Marseille*).	11
A bord du *Sahel*.	12
Une visite à Alphonse Karr (*Nice*).	14
GÊNES.	21
Arquata.	27
Villavernia.	29
Tortone.	31

MONTEBELLO

Ponte-Curone.	33
La marche des régiments.	38
Voghera.	39
Une panique.	40
Montebello.	41
Un espion.	42
Casale.	44
Bulletin de la guerre.	44
Vercelli.	46
Tony.	48
Route de Borgo-Vercelli.	49

MAGENTA

La casa Piantarina	51
Le capitaine M	52
La bicocca	55
Bataille	56
San-Martino del Ticino	57
Magenta	58
Champ de bataille	59

MELEGNANO

Cinq heures à Milan	61
La ferme de San-Martino	63
Les morts (*Melegnano*)	66
Le sergent Roi	69
Le presbytère (*Segrate*)	72
Parenthèse	78
Une lettre parisienne	81
Les villages	84
Les paysans	85

ÉTAPE HUMORISTIQUE

Un dîner à Cassano	89
L'Adda	95
Treviglio	97
Un mot sur la peinture	99
Mémorable entretien avec Givaudan	100
Un souvenir de collège	107
Les cigales	113
Mozzanica	115
Urago d'Oglio	118
Trenzano	119

BRESCIA	121
La ville	125
Marc	128
Au camp de Rho	134
Esenta	136
SOLFERINO	137
Pozzolengo	149
Mozambano	153
Casa-Busetta	154

LE MORNE AUX BLAGUEURS

Castelnuovo (*Devant Peschiera*)	155
Le Morne aux blagueurs	159
Armistice	162
La Paix	166
L'émigration de Venise	167
Expédition nocturne	169
Museo patrio (*Brescia*)	173
LA MAISON DE CATULLE (*Dezenzano*)	179
Brescia	187
Chiari	188
Treviglio	189
SÉJOUR A MILAN	191
Histoire d'amour	202
Le lac de Côme	231
Une soirée à la Scala	245
RETOUR (*Turin. — Suze. — Le mont Cenis. — Saint-Jean-de-Maurienne. — Chambéry. — Paris*)	257

FIN DE LA TABLE

PARIS. — IMPRIMERIE POUPART-DAVYL ET COMP., RUE DU BAC, 30.

www.ingramcontent.com/pod-product-compliance
Lightning Source LLC
Chambersburg PA
CBHW050655170426
43200CB00008B/1302